ADVERTISING

中国广告产业国际化发展

(1979—2022)

谭宇菲 王 鑫 ◎ 著

首都经济贸易大学出版社
Capital University of Economics and Business Press
·北京·

图书在版编目（CIP）数据

中国广告产业国际化发展：1979-2022 / 谭宇菲，王鑫著. -- 北京：首都经济贸易大学出版社，2024.11. -- ISBN 978-7-5638-3737-3

Ⅰ. F713.8

中国国家版本馆 CIP 数据核字第 2024972EG8 号

中国广告产业国际化发展（1979—2022）
ZHONGGUO GUANGGAO CHANYE GUOJIHUA FAZHAN（1979—2022）
谭宇菲　王　鑫　著

责任编辑	晓　地
封面设计	砚祥志远·激光照排　TEL: 010-65976003
出版发行	首都经济贸易大学出版社
地　　址	北京市朝阳区红庙（邮编 100026）
电　　话	（010）65976483　65065761　65071505（传真）
网　　址	http://www.sjmcb.com
E- mail	publish@cueb.edu.cn
经　　销	全国新华书店
照　　排	北京砚祥志远激光照排技术有限公司
印　　刷	北京九州迅驰传媒文化有限公司
成品尺寸	170 毫米×240 毫米　1/16
字　　数	194 千字
印　　张	11.5
版　　次	2024 年 11 月第 1 版　2024 年 11 月第 1 次印刷
书　　号	ISBN 978-7-5638-3737-3
定　　价	50.00 元

图书印装若有质量问题，本社负责调换

版权所有　侵权必究

目录

第一章　全球化浪潮下的产业国际化 …………………………………… 1
　第一节　"老生常谈"的全球化浪潮 …………………………………… 1
　第二节　"顺应潮流"的产业国际化发展 ……………………………… 6
　第三节　"创意为王"的文化创意产业国际化发展 …………………… 11
　第四节　"常为常新"的中国广告产业国际化发展 …………………… 17

第二章　政府引导下的中国广告产业国际化发展 ……………………… 21
　第一节　广告产业国际化发展的宏观思路 ……………………………… 21
　第二节　广告产业国际化发展的政策保障 ……………………………… 27

第三章　市场驱动下的中国广告产业国际化发展 ……………………… 39
　第一节　市场化发展进程中的顺势拓展 ………………………………… 39
　第二节　技术渗透下的主动出击 ………………………………………… 73

第四章　中国广告产业国际化发展历程 ………………………………… 94
　第一节　中国广告产业国际化发展的阶段划分 ………………………… 95
　第二节　中国广告产业国际化发展的资本结构变迁 …………………… 102
　第三节　中国广告理论的国际化发展状况 ……………………………… 113

第五章 国际化浪潮下的广告公司 121
　　第一节　广告公司进入中国市场（1986—1992年）............. 122
　　第二节　广告公司合资渗透换取市场准入（1992—2001年）
　　　　　　.. 123
　　第三节　跨国广告公司合围本土广告业（2001—2005年）...... 126
　　第四节　并购重组，图谋主导中国市场（2005—2008年）...... 129
　　第五节　在华独资占据市场主导（2009—2018年）............... 131
　　第六节　4A式微与新营销崛起（2018年至今）..................... 134

第六章 中国广告产业国际化发展成就 137
　　第一节　中国广告产业在国际广告产业中的地位和作用......... 137
　　第二节　中国广告产业服务于国家形象传播的能力............... 150
　　第三节　中国广告产业服务于中国品牌国际竞争的能力......... 157
　　第四节　"一带一路"与中国广告产业国际化....................... 162

参考文献 175

第一章
全球化浪潮下的产业国际化

第一节 "老生常谈"的全球化浪潮

马丁·阿尔布劳在《全球时代：超越现代性之外的国家和社会》中提出，"现代时代（the modern age）实际上已经结束而历史并未终结，另一个时代——全球时代（the global age）已以其压倒优势的面貌和形态取代现代"。我们生活于其中，也是必须直面的现实①。事实上，无论是丹尼尔·贝尔的"意识形态的终结"，马歇尔·麦克卢汉"全球村"的预言，还是吉登斯等人讨论的现代性以及布热津斯基的"网络外交"等论述，都显现出他们对重大社会转变的敏锐感知，"全球化"一词被用以描绘世界发展的必然逻辑和行进状态。

第二次世界大战结束之后，敏感的西方知识分子开始探讨人类社会未来

---

① 阿尔布劳. 全球时代：超越现代性之外的国家和社会 [M]. 高湘泽，冯玲，译. 北京：商务印书馆，2001：4.

的问题，一场规模浩大的关于"意识形态"的论战在世界范围内展开。1955年9月，美国学者爱德华·希尔斯在米兰举行的以"自由的未来"为主题的国际讨论会上提交了论文《意识形态的终结》，首次提出了"意识形态终结论"，并引起了关于"终结论"的争论，这是"意识形态终结论"的最初样态①。此后，雷蒙·阿隆、李普赛特等学者分别发表了《意识形态的终结》《政治人：政治的社会基础》等著作，继续阐述"意识形态终结论"相关观点。20世纪60年代，"终结论"的代表人物丹尼尔·贝尔出版了《意识形态的终结——五十年政治观念衰微之考察》一书，将对意识形态的讨论放大到整个世界视角，书中对美国社会的阶级结构、社会流动、劳动运动以及政治运动等问题进行了剖析，美国社会的变化映射出世界局势的发展，该书对当今世界格局具有重大预见②。

马歇尔·麦克卢汉在1964年出版的著作《理解媒介：论人的延伸》中，对全球社会发展走向作出了大胆预测。麦克卢汉认为，美国率先步入电子时代的转变诚然为公众带来了迷茫和压力，甚至会为个别人带来创伤，但"终究是与社会的整合和进步、决策的民主化、与个人的全面发展联系在一起的"③。麦克卢汉在书中开创性地提出"地球村"的预言，认为电子媒介会给公众带来超越以往任何时候的心理和生理方面的巨大变化，在这种变化发生的同时，世界将逐步摆脱分离与割裂，从而走向"地球村"。"电子媒介的趋向，是在一切社会制度中造成一种有机的相互依赖性……电子形式的这个特点——它如何结束了个别步骤和专门功能的机械时代，有一种直接的解释。过去的一切技能（除语言外），事实上都使人的某一部分肢体延伸，而电却可以说使我们的中枢神经系统本身（包括大脑）实现外化，中枢神经系统是不受切割的统一场。"④ 事实证明，今天电子媒介的确在朝着"全球村"预言发展，"电子媒介迅即而经常地造成一个相互作用的事件的'整体场'，而所有

---

① 希尔斯.意识形态的终结[J].遭遇，1995：12.
② 贝尔.意识形态的终结：五十年政治观念衰微之考察[M].张国清，译.南京：江苏人民出版社，2001：462.
③ 殷晓蓉.麦克卢汉对美国传播学的冲击及其现代文化意义[J].复旦学报（社会科学版），1999（2）：84-91.
④ 麦克卢汉.理解媒介：论人的延伸[M].55周年增订本.何道宽，译.南京：译林出版社，2009：286-287.

的人都必须参与其间。比起机械复制时代，我们的世界由于戏剧性的变化而收缩变小了，而我们的地球只不过是弹丸之地的村落"①。数字媒介时代，互联网和移动终端使人类真正实现了随时随地互联互通，从衣食住行到金融流通，互联网正在形塑着我们的生活，相应的，也形塑着世界经济发展形态。

20世纪70年代，在承接古典社会伦理学家现代性思想的基础上，英国社会学家吉登斯从全球化维度重塑了现代性的理论框架，并将全球化定义为"世界范围内的社会关系的强化，这种关系以这样一种方式将彼此相距遥远的地域连接起来，即此地所发生的事情可能是由许多英里以外的异地事件而引起，反之亦然"②。吉登斯指出，全球化绝不仅是经济学角度的全球化，而且是现代视角下经济、政治、技术、文化等维度下的庞大系统，其不仅是一种表面的"外在"现象，也是与个体发展息息相关的涉及个人和情感的全球"内在"联结，"没有人'逃避'由现代性所导致的转型"③。数字媒介时代，地区、国家甚至个体在社会环境的裹挟下，或主动或被动地向整个世界敞开，不同的社会体系和不同的社会个体在全球化的背景下相互渗透，在此过程中，传统的秩序被不断打破，个体的多样性在社会背景下不断生发和显现，我们面对的是比以往都要丰富多彩的时代。

进入21世纪，随着互联网的发展，各国相继进入"网络外交"时代。2003年，美国国务院成立了"网络外交办公室"，以促进国家网络外交政策迅速落实执行。自奥巴马执政以来，网络外交有了明显的质变，从竞选到执政，从新闻发布到网络视频讲话，美国政府将数字媒体运用到全球化的潮流中，以推动自身的建设和发展；奥巴马时期的国务卿希拉里·克林顿更是提出推动全球网络外交不仅要依靠外交人员，还要靠国家全体网民的主张，鼓励美国公民在互联网上积极参与互动，将美国的"软实力"通过众多普通民众的声音展现在世界面前。网络外交的个体化、直达性和及时互动性创新了传统的外交理念，使得全球化在每位网民的参与中"落地"。

若从1492年"发现"新大陆以及随后的1522年环球航行开始，世界范

---

① 麦克卢汉. 理解媒介：论人的延伸[M]. 55周年增订本. 何道宽，译. 南京：译林出版社，2009：序言.
② 吉登斯. 现代性的后果[M]. 田禾，译. 南京：译林出版社，2011：56-57.
③ 吉登斯. 现代性与自我认同：现代晚期的自我与社会[M]. 赵旭东，方文，译. 上海：生活·读书·新知三联书店，1998：24.

围内的地理探险取得划时代进展，进而实现水陆交通的快速发展。以世界贸易和世界文化交往为代表的全球化早期雏形则始于14至15世纪。自此，追求世界统一性的过程从未停止，"世界经济将天涯海角的不同民族联结起来已有很长时间。全球化程度在当下达到前所未有的高度，但这一'世界新秩序'其实不是今日才有，多元化也不是晚近的新发现"①。现代广告以其在经济范畴中跨边界的业务拓展和利益获取，是不同发展层级的国家与地区之间的经济关系架构的重要体现和实现路径，是经济生产从新观念、新技术、新产品到新营销整个系统的力量博弈。20世纪60年代，以多个股份公司为代表的经济组织的扩张快速突破了民族国家的疆界，使技术创新下让人眼花缭乱的现代性产品在全世界范围内快速传播。全球市场的自主性也在征服、对抗、对话、协商等复杂过程中迅猛提升，为全球经济关系的建立和夯实奠定了重要基石。

广告是国民经济发展的晴雨表。作为文化创意产业的组成部分之一，广告在社会文化领域的建构和传播作用同样引人关注。"一个阶段是通过市场机制和国家的作用把实践理性强加于世界其他地方。另一个阶段是提出一些普世性的理念来包容世界的多样性。"② 广告在经济领域之外，通过智力、文化、观念、生活方式等要素，架构起一个错综复杂的世界文化框架，观念王国的文化以其塑造的极具合理性的文化范畴和观念张力，助力产品和服务走向世界。例如，越来越多的商品带着"普世主义"的标签，将其作为打开世界市场大门的钥匙，眼花缭乱的现代生活场景展示和优雅高效的个人生活方式，首先吸引着全世界的年轻人投入消费热潮之中。从全球范围内的广告活动看，它始终与现代社会的发展进程相匹配，加之以西方为中心的现代性国家始终着力于全球化进程的推进和深化，因而在很长一段时间，广告的全球化也遵循着这样的发展逻辑：西方国家以其商品生产和文化生产的双重优势，将广告作为扩张影响和获取利益的工具，成为以西方为中心向全球其他国家和地区发展的重要形式。

---

① 彭慕兰，托皮克. 贸易打造的世界：1400年至今的社会、文化与世界经济 [M]. 黄中宪，吴莉苇，译. 上海：上海人民出版社，2018：10.

② 阿尔布劳. 全球时代：超越现代性之外的国家和社会 [M]. 高湘泽，冯玲，译. 北京：商务印书馆，2001：53.

第一章
全球化浪潮下的产业国际化

世界格局显然并非一成不变，瑞·达利欧在《原则：应对变化中的世界秩序》中，对过去500年11个国家财富和权力的兴衰变化，及其反映的世界秩序的变化进行了历时性梳理与分析，明确指出"历史是有周期性（cyclical）的"①。

达利欧将国家兴衰的过程分为上升阶段、顶部阶段和下跌阶段，并且在不同阶段，债务负担、教育、创新和技术、军事实力、储备货币地位、国家治理等因素相互强化，作用于国家发展的过程。根据达利欧绘制的世界秩序变化图景，自大航海时代至今，世界秩序经历了荷兰帝国让位给大英帝国，大英帝国让位给美国，以及中国相对实力不断增强并达到与美国相抗衡的阶段。

当今世界的政治秩序最重要的变量是"'中国崛起'，中国成为美国的'有力竞争对手'"②，显著地影响着世界市场格局和全球广告产业的格局。近年来，以华为为代表的中国品牌，以海外版拼音为代表的传播平台，在世界市场的影响和各不相同的反馈，正是世界秩序变化中经济、文化权力格局变化的体现。

除了看得到的资本积累和综合实力等衡量指标外，创新能力也是全球化背景下一个国家能否脱颖而出的重要指标。"发明创新显然是决定一国状况的最有力的因素"③，从1876年的电话到1903年的飞机，从1926年的电视机到1939年的计算机，从1983年的互联网到1997年的社交媒体再到2012年的CRISPR基因编辑，"进步以巨大而稳健的方式展开塑造未来……科技和技术就是以这种方式进化的。其他几乎一切事物的进化，如生活方式、国内和国际政治等，都是以类似的方式发生的"④。数字媒介时代，大数据这个"计算大脑"和人类的智慧相结合，必将碰撞出更精彩的火花。人工智能、量子计算等的普及和广泛应用，将极大地提高学习和进一步完善发展技术的速度，并带来全球财富和力量的变化。就现状看，美国的创新和技术指标仍处于世界第一的位置，但其未来发展速度有所滞缓；中国紧随其后，但发展前景可期。科技的发展是撬动经济和军事发展的有力杠杆，随着综合国力和国际影

---

① 达利欧. 原则：应对变化中的世界秩序 [M]. 崔苹苹，刘波，译. 北京：中信出版社，2022：35.
② 达利欧. 原则：应对变化中的世界秩序 [M]. 崔苹苹，刘波，译. 北京：中信出版社，2022：7.
③ 达利欧. 原则：应对变化中的世界秩序 [M]. 崔苹苹，刘波，译. 北京：中信出版社，2022：444.
④ 达利欧. 原则：应对变化中的世界秩序 [M]. 崔苹苹，刘波，译. 北京：中信出版社，2022：445.

响力的不断加强，作为国民经济发展晴雨表的广告行业也会遵从全球化规律，乘着互联网企业和我国实体经济出海的东风，逐渐扩大在全球范围的影响力。

第二节 "顺应潮流"的产业国际化发展

政治，一如经济，一直是左右国际贸易的主要力量。构成今日世界基础的市场机构，并非自然形成或势所必然的结果，也并非开始就隐藏于某处而等待人去"打开"；相反的，市场，不管结果是好是坏，都是社会力量所建构，社会力量所牢牢植入①。全球化发展是历史的大势，改革开放是中国发展永远的新课题。在这个历史背景和环境中，中国广告业的国际化发展，是与全球化发展时代背景和国家改革开放宏观战略相适应的重要课题和必然讨论。

国际化发展对中国发展具有重要意义。要发展壮大，必须主动顺应经济全球化潮流。经济全球化符合经济规律，符合各方利益。对中国来说，站在国家发展与全球共荣的高度，改革开放永远是一个新课题，国际化永远是常为常新的探索。"要充分估计世界经济调整的曲折性，更要看到经济全球化进程不会改变"②——对经济全球化进程不会改变的客观认识，使得中国的宏观政策始终保持改革和开放的坚定姿态。"认识世界发展大势，跟上时代潮流，是一个极为重要并且常做常新的课题。中国要发展，必须顺应世界发展潮流。"③

当前，围绕经济全球化的讨论有很多，支持者有之，质疑者亦有之。国家从宏观战略的视角给出了明确的方向："总体而言，经济全球化符合经济规律，符合各方利益。同时，经济全球化是一把双刃剑，既为全球发展提供强劲动能，也带来一些新情况新挑战，需要认真面对。新一轮科技和产业革命正孕育兴起，国际分工体系加速演变，全球价值链深度重塑，这些都给经济

---

① 彭慕兰，托皮克. 贸易打造的世界：1400 年至今的社会、文化与世界经济 [M]. 黄中宪，吴莉苇，译. 上海：上海人民出版社，2018：10.
② 习近平. 中央外事工作会议上的重要讲话 [EB/OL]. （2014-11-29）[2017-01-15]. https：//www.gov.cn/xinwen/2014-11/29/content_ 2784754.htm.
③ 习近平. 扎实推动教育强国建设 [EB/OL]. （2023-09-15）[2023-10-15]. http：//www.qstheory.cn/dukan/qs/2023-09/15/c_ 1129862386.htm.

全球化赋予新的内涵"①。毋庸置疑，中国将继续深入参与经济全球化进程，"在新的起点上，我们将坚定不移扩大对外开放，实现更广泛的互利共赢。奉行互利共赢的开放战略，不断创造更全面、更深入、更多元的对外开放格局，是中国的战略选择。中国对外开放不会停滞，更不会走回头路"②。

改革开放40多年来，中国取得了经济、社会发展的巨大成就，中国在国际政治、经济舞台上的作用越发重要。国家统计局发布的党的十八大以来经济社会发展成就系列报告显示，2013—2021年，我国国内生产总值（GDP）年均增长6.6%，高于同期世界2.6%和发展中经济体3.7%的平均增长水平；对世界经济增长的平均贡献率超过30%，居世界第一③。1978年，中国人均GDP仅为385元；2021年，中国人均GDP上升至80 976元。1978年，对外贸易仅为355亿元；2021年，中国对外贸易进出口总额为39.1万亿元④。开放发展迈向更高层次，全面开放新格局加快形成。2020年，我国货物和服务贸易总额达5.3万亿美元，首次超过美国成为全球第一大贸易国。2021年，货物和服务贸易总额达6.9万亿美元，继续保持世界第一⑤。

中国面对未来发展有着明确的方向，也明确将通过优化营商环境，加快自由贸易区建设，落实"一带一路"倡议等，实现中国经济发展的同时，为全球经济发展做出贡献。第一，继续深入参与经济全球化进程，支持多边贸易体制。一方面，加大放宽外商投资准入，提高便利化程度，促进公平开放竞争，全力营造优良营商环境；另一方面，加快同有关国家商签自由贸易协定和投资协定，推进国内高标准自由贸易试验区建设。第二，加快实施自由贸易区战略，发挥自由贸易区对贸易投资的促进作用，更好帮助我国企业开拓国际市场，为我国经济发展注入新动力、增添新活力、拓展新空间。加快

---

① 习近平. 在亚太经合组织工商领导人峰会上的主旨演讲[EB/OL]. (2016-11-19) [2017-01-15]. http://jhsjk.people.cn/article/29023879.

② 习近平. 坚定不移扩大对外开放 实现更广互利共赢[EB/OL]. (2016-09-03) [2023-10-25]. http://www.xinhuanet.com/world/2016-09/03/c_129268289.htm.

③ 新华社. 报告显示：近十年我国GDP年均增长6.6% 对世界经济增长贡献率超30%[EB/OL]. (2022-09-18) [2023-09-25]. https://www.gov.cn/xinwen/2022-09-18/content_5710523.htm.

④ 国务院新闻办公室. 2022年1月14日新闻发布会[EB/OL]. (2022-01-15) [2023-02-05]. https://www.gov.cn/xinwen/2022-01-15/content_5668472.htm.

⑤ 新华社. 报告显示：近十年我国GDP年均增长6.6% 对世界经济增长贡献率超30%[EB/OL]. (2022-09-18) [2023-10-08]. https://www.gov.cn/xinwen/2022-09-18/content_5710523.htm.

实施自由贸易区战略，是适应经济全球化新趋势的客观要求，是全面深化改革、构建开放型经济新体制的必然选择，也是我国积极运筹对外关系、实现对外战略目标的重要手段。第三，为国际社会提供更多公共产品。中国的发展得益于国际社会，也愿为国际社会提供更多公共产品。"一带一路"倡议旨在同沿线各国分享中国发展机遇，实现共同繁荣。丝绸之路经济带一系列重点项目和经济走廊建设已经取得重要进展，21世纪海上丝绸之路建设正在同步推进。我们倡导创建的亚洲基础设施投资银行，已经开始在区域基础设施建设方面发挥积极作用。第四，促进全球经济治理，建立以平等为基础，更好反映世界经济格局新现实，增加新兴市场国家和发展中国家代表性和发言权，确保各国在国际经济合作中权利平等、机会平等、规则平等。"当前形势下，全球经济治理特别要抓住以下重点：共同构建公正高效的全球金融治理格局，维护世界经济稳定大局；共同构建开放透明的全球贸易和投资治理格局，巩固多边贸易体制，释放全球经贸投资合作潜力；共同构建绿色低碳的全球能源治理格局，推动全球绿色发展合作；共同构建包容联动的全球发展治理格局，以落实联合国2030年可持续发展议程为目标，共同增进全人类福祉！"①

只有在全球化的背景下，才能比较全面地把握产业国际化概念的理论内涵。经济全球化本质上要求所有国家和地区的经济都必须自主地或者非自主地融入世界经济体系，一个国家或地区的经济发展只是全球经济发展网络中的一个节点，或者世界经济体系的一个有机部分。经济一体化和全球化的主要目标就是在全球范围内实现帕累托最优的资源配置，在成本最低的国家或地区生产和销售最优产品。特别需要指出的是，经济全球化不仅是信息、资金、产品和生产要素流动的全球化，更是全球生产方式和财富分配的一场革命，其意义在于所有经济资源在全球范围内实现优化配置。而随着经济全球化进程不断加速，产品内的分工越来越细，形成了各种纵横交错的复杂的国际化产业链，如全球加工制造产业链、国际商务服务产业链、全球金融投资流动产业链、国际物流产业链、国际文化传播产业链、全球知识创新产业链，等等。因此，可以看出，产业国际化的经济内涵就是一个国家或地区的产业

---

① 习近平. 在亚太经合组织工商领导人峰会上的主旨演讲［EB/OL］. 人民日报海外版发布（2016-11-19）［2017-01-15］. http：//jhsjk.people.cn/article/29023879.

跻身或嵌入跨国产业价值链,并实现区域内产业群和跨国产业群对接的过程①。

产业国际化是动态的发展过程,随着一个国家或地区的产业参与国际分工和国际交换的程度逐步提高,最终成为整个国际分工体系和世界产业体系的重要组成部分。产业国际化可以分解为两个相互关联的内容,即资源要素配置的全球化和产业形态的国际化。其中,资源要素配置是从资源角度分析国际化的内涵,产业形态是从产业组织、市场等方面研究国际化的特征,资源要素配置的全球化和产业形态的国际化,是建立在现有的国际政治、经济和技术环境基础上的。资源要素配置的全球化是产业国际化的实质内涵,产业形态的国际化是产业国际化的表现②。产业形态国际化的水平代表一个国家的某一产业在国际分工与竞争中的地位和作用③。文化产业国际化指借助有计划、有组织的控制活动,将资源配置范围由国内市场向国际市场拓展的过程。根据市场定位差别,文化产业国际化可分为内向性国际化和外向性国际化两个层次,内向性国际化是指通过引进技术、企业管理经验等,提高文化产业整体技术水平和竞争能力,从而获得持续发展能力;外向性国际化指通过出口、对外投资等途径,提高本国文化产品和服务在国际市场上的占有率。冷战后靠武力征服世界的代价和难度增大,促使西方大国更倾向于通过输出文化产品向其他国家进行意识形态渗透④。

那么,为什么位于某些国家的公司能够进行持续的创新?为什么它们无情地追求改进,寻求更复杂的竞争优势来源?为什么它们能够克服经常伴随着成功的变革和创新的巨大障碍?

美国哈佛商学院著名战略管理学家迈克尔·波特(Michael E. Porter)借助钻石模型对上述问题进行了回答。他认为,一个国家的产业能否在国际上具有竞争力,取决于该国的国家竞争优势。而决定一个国家某种产业竞争力

---

① 焦军普. 产业国际化的内涵与演进路径研究 [J]. 经济纵横, 2013 (6): 41-46.
② 王建平, 王晓颖, 龙昊, 等. 软件产业国际化内涵和特征分析 [J]. 软件世界, 2004 (10): 100-101.
③ 张建红, 葛顺奇, 周朝鸿. 产业特征对产业国际化进程的影响: 以跨国并购为例 [J]. 南开经济研究, 2012 (2): 3-19.
④ 曾荣平, 侯景娟. 意识形态安全视域的文化产业国际化发展战略 [J]. 社会科学研究, 2014 (3): 34-38.

的要素有 4 个，即要素条件（factor conditions）、需求条件（demand conditions）、相关及支撑产业（related and supporting industries）、企业的战略结构和竞争（firm strategy, structure, and rivalry）。这 4 个要素具有双向作用，形成一个钻石体系，共同作用并决定国家的竞争优势①。此外，机遇和政府也对竞争优势有重要的影响，也是决定产业竞争力的两大重要因素②。

  改革开放以来，中国产业国际化步伐不断加快，中国经济从生产到流通的全部环节突破国家和地区的界线，充分加入国际分工、合作、交流与竞争，实现产业发展与国际接轨，在全球范围内开展生产要素、生产流程和市场关系的交流与合作。然而，从"中国制造"走向"中国创造"的全球化发展任务依然艰巨，不仅体现在中国制造业方面的迅速崛起，还倚赖于文化创意产业对产品、品牌、企业、概念、价值等要素的设计与提升，以及广告、市场营销、传播平台的建设、推进与传播，为实体产品和经济系列赋予更多的价值与认可。显然，"从文化的角度打动目标客户的人心要比让产品满足顾客的实际'需求'更重要"③，产品设计和市场营销带来的利润空间远大于简单的产品制造。彭慕兰等表示，有一些初步的证据表明，那些原本针对本国市场的中国企业，比向国外销售大部分产品的中国企业更容易在产品设计和市场营销方面上手。这和当年日本企业的经验颇为相似，意味着中国企业其实具有巨大的潜力④。

---

  ① POTER E. The competitive advantage of nations [M]. New York: The Free Press, 1990: 95.
  ② 吴来安. 中国动漫产业国际化发展的战略路径探讨：以《相信品牌的力量·水墨篇》广告为例 [J]. 国际新闻界，2010, 32 (7): 77-82.
  ③ 彭慕兰，托皮克. 贸易打造的世界：1400 年至今的社会、文化与世界经济 [M]. 黄中宪，吴莉苇，译. 上海：上海人民出版社，2018: 6.
  ④ 彭慕兰，托皮克. 贸易打造的世界：1400 年至今的社会、文化与世界经济 [M]. 黄中宪，吴莉苇，译. 上海：上海人民出版社，2018: 6.

第三节 "创意为王"的文化创意产业国际化发展

基于中国的发展现状和当下的全球化趋势，中国已从经济全球化的参与者和受益者转变为经济全球化的改革者和引领者。随着国家改革开放政策的不断深入，国家政治、经济、文化全球化快速发展，中国广告业国际化进程加速的同时也面临着诸多新挑战。全方位融入并深度参与全球一体化，不仅是中国实现大国崛起的方向、路径、方法，也成为中国广告产业国际化发展的指南。

文化创意产业是以文化为内容，以创意为核心的产业形式。文化内容和创意核心是文化创意产业的本质特征，是文化创意产业发展的内在生命和动力。文化是生命意义的创造，文化创意是一个时代梦想的符号化，从这个意义讲，文化创意产业是一种梦想产业[1]。1994年，澳大利亚公布的《创意国度》（*Creative Nation*）政策报告中，首次提出"创意国家"是文化发展的目标[2]。该报告引用了布尔迪厄"场域"理论（Pierre Bourdieu's field theory）中的"文化场"（cultural field）概念。布尔迪厄对文化生产领域的研究着重关注市场、国家和准国家行为者（文化部、艺术委员会、资助机构、媒体公司、出版商、公共和私人画廊等），以及它们的活动是如何受到经济和政治领域组织的制约，并讨论了"文化资本"的差异分布，认为鉴于文化生产、分配和消费的跨国形式日益增多，或多或少封闭的国家领域的文化场在当下是不够的。澳大利业进一步强调，文化创意产业的国际化是在密切关注不断变化的文化跨国环境基础上，对文化资源和文化资本进行综合考虑和综合运作的必然选择，创意国家在文化领域的具体干预具有极其重要的意义[3]。

---

[1] 李思屈. 审美经济与文化创意产业的本质特征[J]. 西南民族大学学报（人文社科版），2007（8）：100-105.

[2] Creative Nation: Commonwealth Cultural Policy. Department of Communications and the Arts (Australia), October 1994 [EB/OL]. (2003-10-11) [2019-05-08]. http://pandora.nla.gov.au/pan/21336/20031011-0000/www.nla.gov.au/creative.nation/intro.html.

[3] ROWE D, NOBLE G, et al. Transforming cultures? from creative nation to creative australia [J]. Media international Australia, 2016 (158): 6-16.

1998年，英国文化媒体体育部（Department for Culture, Media and Sport）在《创意产业图录报告》（Creative Industries Mapping Documents, CIMD）中，正式提出并界定了"创意产业"的概念和具体的部门分类，持续关注创意产业对经济的贡献及其面临的问题，认为创意产业已经从边缘型产业变为主流产业，并可以保持其发展势头，挖掘其潜力价值，以此为社会寻求新的竞争优势、提高生活质量带来不同的机遇，其中对广告产业在英国及全球经济发展中的作用进行了详细论述，并特别强调了英国广告在创意领域获得的成效和荣誉[1]。

自2006年至2021年，《中国创意产业发展报告》已连续出版15年，从最初关注伴随着全球化进程和知识经济发展而蓬勃兴起的创意产业，到跟随全球科技进步和市场变化，记录中国城市在创意产业发展中的历程、特征与收获。在全球化的大潮中，文化创意产业正以前所未有的传播速度影响着全球经济的格局。在全球市场的商品交易中，商品价值的衡量除了其本身的用途之外，人为赋予的价值使其在交易中拥有理所当然的关联意义，成为使用价值之外溢价的主要来源。但为商品增加溢价并非易事，"协商这些新行为准则的过程中，买卖的商品有时成为新的身份地位指标，承载了特定意义"，"商品本身有其'社会生命'，在这个'社会生命'里，商品的意义、用处、价值不断在改变；'供应'与'需求'，由具有爱、恨、瘾性的人，通过文化力量来决定，而非由具体化的'市场力量'决定"[2]。毫不夸张地说，这个时代，创意改变世界[3]。

市场经济和科技进步双轮驱动的全球化浪潮，在使世界逐渐成为一个统一的发展整体的同时，也为文化创意产业的国际化发展提供了契机。文化创意产业国际化发展的实质是本国文化与他国文化在世界范围内的同场竞争，

---

[1] DEPARTMENT FOR CULTURE, MEDIA AND SPORT, UK. Creative industries mapping documents1998［EB/OL］.（1998－05－09）［2014－05－01］. https：//www.gov.uk/government/publications/creative-industries-mapping-documents-1998. Creative Industries Mapping Documents 2001 - GOV.UK (www.gov.uk).

[2] 彭慕兰，托皮克. 贸易打造的世界：1400年至今的社会、文化与世界经济［M］. 黄中宪，吴莉苇，译. 上海：上海人民出版社，2018：12.

[3] 余吉安，杨斌，王曼. 产业集成视角下文化创意产业发展模式研究：兼论文化创意产业国际化［J］. 科技管理研究，2015，35（15）：178-184.

其力量强弱既反映外部世界对本国文化的了解和认知，也彰显本国文化的精神价值。从实施路径和发展向度看，文化产业国际化在通过借助有计划、有组织地将资源配置、文化产品策划创意、生产销售的范围，由国内市场向国际市场延伸拓展的过程中，可根据市场定位差别，分为内向性国际化和外向性国际化两个层次。内向性国际化通过引进市场经营主体、资本、技术、生产和管理模式等，促进国内文化产业结构优化和竞争力提升，接轨国际产业，与国际产业保持相对均衡的发展水平，并借助国际市场的资源优势，寻找机会积极拓展。外向性国际化则指通过市场经营主体的出海经营，或是通过资本、技术、生产和管理模式的向外输出，拓展国际市场，使本国文化创意产品和服务在国际市场上拥有一席之地，并不断提升国际市场占有率。

但是，文化创意产业的国际竞争力归根结底有赖于社会经济发展水平的提升。文化创意产业的国际化发展有赖于多元的投融资渠道和有效利用国际文化资本。解析美国文化创意产业的资金投入总量可以发现，国际资本的比例远高于国内资本。随着文化业态、商业模式和竞争格局发生深刻变化，以数字技术、信息技术为代表的高新科技，将成为文化创意产业国际化发展的"点金术"。高新科技不仅使创意人的奇思妙想成为可能，提高了文化要素的附加值，而且还通过技术投入使文化创意产品市场化，获得巨大的创利前景。此外，产业集聚对文化创意产业国际化发展也具有重要作用。在美国学者阿伦·斯科特看来，"地理特征和地方文化创意公司集群的相互影响而产生的产业氛围是集聚地产业发展的特征之一，特定的地理位置具有提高文化创意产业集群内企业创新行为的功能和作用"[1]。美国纽约、英国伦敦、日本东京、法国巴黎等城市，能成为各具特色的国际文化创意中心，具有共性的成功经验是：这些国家都充分发挥了文化创意产业集群优胜劣汰机制的重要作用。

依照约瑟夫·奈的观点，"软实力"是源于文化、政治价值观及外交政策等非物质因素产生的吸引力和同化力。文化是一个国家的核心竞争力，亦是终极竞争力。文化输出表征着一个国家的"软实力"[2]，也是涉及贸易准则博

---

[1] 王乾厚. 发达国家文化创意产业集群发展及启示 [J]. 河南大学学报（社会科学版），2015，55 (4)：120-126.

[2] 王哲平，王思齐. 文化创意产业国际化发展的前提条件和战略选择：以世界主要发达国家为研究对象 [J]. 编辑之友，2016 (5)：103-108.

弈，文化与目标差异，政治与经济协商的完整体系。

冷战后靠武力征服世界的代价和难度增大，促使西方大国更倾向于通过输出文化产品向其他国家进行意识形态渗透。西方学者亨廷顿的"文明冲突论"①、福山的"意识形态终结论"②、汤林森的"文化帝国主义理论"③、约瑟夫·奈的"软实力论"④等，均是为美国等国家通过文化产业国际化方式输出意识形态的政策辩护的主要理论依据。亨廷顿在"文明冲突论"中强调美国作为最强大的西方国家，承担着保存、维护和复兴独一无二的西方文明的重要使命。而西方文明，"正如小阿瑟·施莱辛格所言，欧洲是'个人自由、政治民主、法制、人权和文化自由思想的发源地，是唯一的源泉'，这些思想是欧洲的思想，而不是亚洲、非洲或者中东的思想，除非被它们所接受。这些特性使得西方文明成为独一无二的文明。西方文明的价值不在于它是普遍的，而在于它是独特的"⑤。这个观点强调了以隐性意识形态为内核的文明成为全球冲突的基本根源，西方大国在全球化浪潮中所要维系和扩张的霸权，在暴力征服难以实现时，往往通过经济和文化的输出完成。福山的"意识形态终结论"同样用西方的价值观衡量整个人类社会的发展，为发达资本主义国家全面输出政治经济模式和价值观念披上了一层正义、合法的外衣。汤林森的"文化帝国主义理论"则站在西方主流文化的立场，对各种批判文化帝国主义的话语予以反批评，从文化层面为西方大国的意识形态输出政策进行辩护。约瑟夫·奈的"软实力论"将软实力的来源归结为文化和意识形态吸引力、国际机制的规则和制度等资源，意识形态输出成为西方大国在软实力比拼中抢占优势的基本选项⑥。

文化产业国际化主要表现在以下几个方面。

---

① HUNTINGTON P. The clash of civilization and the remaking of world order [M]. New York: Simon & Schuster, 1996.

② 福山. 历史的终结与最后的人 [M]. 陈高华, 译. 桂林: 广西师范大学出版社, 2014.

③ 汤林森. 文化帝国主义 [M]. 冯建三, 译. 上海: 上海人民出版社, 1999.

④ NYE S, Jr. Soft power: the means to success in world politics [M]. New York: Public Affairs, 2004.

⑤ 亨廷顿. 文明的冲突与世界秩序的重建 [M]. 周琪, 刘绯, 张立平, 等, 译. 北京: 新华出版社, 2002: 360.

⑥ 曾荣平, 侯景娟. 意识形态安全视域的文化产业国际化发展战略 [J]. 社会科学研究, 2014 (3): 34-38.

第一，文化生产的国际化。随着全球化分工体系的形成，文化产品如同其他产品一样，被纳入全球分工体系中。一方面，全球文化资源在文化生产协议支持下实现了共享的可能。文化企业从资本构成到组织构成相互渗入，文化产品融合了全球多元文化的特质，经由多国不同企业共同完成，有效降低了生产成本，在一定程度上规避了文化贸易的壁垒。另一方面，文化生产的成果实现了全球共享。文化产品和服务全球发行销售不仅使全球受众享有相同的文化商品，也极大地拓宽了文化商品的市场范围，提升了文化商品的销量，扩大了借由文化商品传递的文化价值和文化影响。

第二，文化资本的国际化。在当下全球市场运作中，资本作为重要内容，在文化创意产业国际化发展中扮演着举足轻重的作用，资本影响甚至决定了文化创意产业发展的趋势、热点和盈利点。不仅根植于文化领域的专业性文化产业集团借助资本的力量逐步拓宽国际领域，更重要的是其他领域越来越多的产业资本，借助互联网、人工智能进军文化产业，从平台建设、文化形态创新、文化产品研发等层面不断开拓着新的领域。随着各国文化产业准入壁垒的调整，跨行业、跨地区、跨国界的文化企业兼并、重组、竞争，形成了汹涌的国际化风潮，一方面成就了一批文化产业领域中的"巨无霸"；另一方面涌现出诸多具有时代竞争印记的国际化竞争案例。

第三，文化人才的国际化。文化产业的起源在人，文化产业服务的对象也是人。一个国家或一个行业的发展，取决于其拥有的创造知识和利用知识的能力，即取决于人才资源，因此人才在文化产业发展中居于中心位置。第二次世界大战之前，美国在掠夺自然资源和文化资源的同时，采取多种方式吸引世界各国的优秀文化人才。近年来，为保持美国文化产业的龙头地位，美国不断改进移民政策，每年从世界各地吸收大量优秀文化艺术人才。这成为美国文化产业保持国际竞争优势的一个重要原因。从隶属于文化产业的广告业角度看，对于中国广告产业的发展，如何界定广告人才、如何评价广告人才、如何用好广告人才是研究的目的。高素质的广告专业人才成为提升广告产业核心竞争力的关键，也是实施国家广告战略，加快我国由广告大国向广告强国迈进的关键。

第四，文化产品标准和制度的国际化。文化产品标准和制度的国际化有助于打破国际文化贸易投资的制度壁垒限制，实现全球技术与市场的共享，扩大文化产业市场，实现规模效应。

第五，文化市场的国际化。文化既具有多样性，也具有统一性。尽管各国的发展历程、宗教信仰、民族特性和风俗习惯存在很大差异，但在人文关怀等方面的价值观可以全球共享、普世适用，承载这些文化价值观的文化产品，可以在全球范围内拓展市场。

第六，文化话语权的国际化。塞缪尔·亨廷顿曾断言："21世纪的竞争不再是经济的竞争、军事的竞争，而是文化的竞争。"[1] 他在《文明的冲突与世界秩序的重建》一书中提出，冷战后国际冲突的起因可以定格为一种"文明的冲突"，它将在欧美文明与儒家文明、伊斯兰文明之间凸显出来。一方面，以美国为代表的在文化产业领域拥有强大优势的国家，强调要提升以文化、生活方式、价值观等为核心的"软实力"，希望在世界贸易组织规则谈判中，将自己有竞争优势的电影等视听文化产品纳入谈判范畴，推动构建全球通行的统一文化贸易规则，促进文化产品贸易的自由化，强化对本国文化产品在海外的利益保护；另一方面，面对美国文化霸权的强大冲击，许多国家开始意识到要加强对国内文化市场的保护。例如，20世纪90年代，法国提出著名的"文化例外"原则，在关贸总协定乌拉圭回合谈判过程中，坚决反对美国把文化列入一般服务贸易范畴的主张，指出"文化不是一般商品"[2]。中国提出的"一带一路"倡议也是突破美国市场霸权、形成区域经济互联互通的有益路径，为更多中国品牌开拓海外市场提供了发展机遇。近年来，中国品牌出海已形成新的规模，更多企业也在"走出去"之后，把目标转向品牌"站稳脚跟"的更高追求。然而，数字广告成为国际广告产业结构中的新兴形态，其发展逻辑和竞争框架与传统国际广告产业形成了巨大的差异，数字智能技术与规制促进全球化发展与治理体系再度升级的同时，也成为广告产业话语竞争的重要影响因素。因此，中国广告产业的国际化发展除了产业平台、产品系列和运作路径的革新调整之外，还应充分关注全球数字智能广告监管规则话语权问题，并联合各国建构合理的全球治理体系，为中国企业的发展、中国品牌的塑造和中国广告产业的国际化争取更优质的环境和更充分的机会。

---

[1] 亨廷顿. 文明的冲突与世界秩序的重建 [M]. 周琪, 刘绯, 张立平, 等, 译. 北京: 新华出版社, 2002: 277.

[2] 刘绍坚. 关于我国文化产业国际化的战略思考 [J]. 国际贸易, 2015 (9): 64-68.

第四节 "常为常新"的中国广告产业国际化发展

全球化浪潮中的文化（创意）产业是中国广告产业国际化发展最直接的推动力。2014年3月5日，第十二届全国人民代表大会第二次会议的政府工作报告明确提出，加快文化走出去，发展文化贸易，加强国际传播能力建设，提升国家软实力。这是新中国成立以来第一次在政府工作报告中提出"发展文化贸易"的战略部署。广告产业作为文化创意产业的组成部分，走国际化道路是遵循产业发展规律的必然趋势，是资本国际化的必然需求，也是国际合作与竞争的必然结果。

20世纪80年代初期，美国哈佛大学商学院教授T.莱维特总结了可口可乐在全球近百年的营销历史，提出了广告运作国际化的观点。他认为，廉价的航空旅行和高新电子通信技术使得全球变成一个共同市场。无论人们住在何地，都将会因同样的品位、需求和生活方式而从属于这一共同市场，因而，广告的全球标准化时代即充分实现跨文化传播的时代已经到来[1]。菲利普·科特勒（Philip Kotler）反复提醒美国企业："全世界企业都在快速全球化，因此处于全球性产业中的国内企业就应该在机会丧失前迅速应变……审时度势在世界市场上确立自己的位置。"[2] 这些商业巨头无一例外地强势推进品牌和产品在国际市场的销售和地位，并不断凝练、强化和传播商品中所包含的广告文化，使之成为国际市场新的"普世文化"。全球市场风云变幻，机遇与挑战始终并存，国际宏观局势为中国品牌带来了迫切求变的需求。中国品牌如何在"一带一路"沿线的新兴市场落地生根？"一带一路"沿线共建国家覆盖总人口约46亿，GDP总量高达20万亿美元。对于中国品牌来说，意味着广阔的市场机遇和多元的市场需求，同时也代表着由沿线各国迥异的市场、政治、经济和文化环境带来的诸多挑战和不确定性。最终，基于经济的增长，来华投资贸易的增加，出口贸易的增加和市场竞争的加剧，都会进一步扩大中国的广告市场，中国广告行业机遇与挑战并存。

---

[1] 傅慧芬. 西方广告世界 [M]. 北京：人民出版社，1993：220.
[2] 科特勒. 科特勒市场营销教程 [M]. 俞利君，译. 北京：华夏出版社，2000：447.

随着数字传播时代的到来，在全球经济一体化背景下，如麦克卢汉所言，整个地球变成了一个"地球村"，国家之间的疆界被打破，广告国际化趋势不可逆转。那些进行全球品牌传播与服务的国际广告传播公司，凭借其经营集团化、规模巨大化、操作全球化、业务综合化、服务分散化等优势迅速发展壮大，成为广告世界的一股强势力量[①]。从新技术的全球竞争与中国广告业国际化发展看，互联网、移动互联网、大数据、AI等新技术带来新的生活方式，影响和改变着消费者的需求。新技术带来的创新与便捷，新经济类型的涌现，新的营销思维和手段，新内容带来的新价值观等不断冲击着传统广告产业的格局。随着新兴技术的快速迭代以及全球格局的复杂变迁，中国广告产业国际化发展在与坚持改革开放的宏观政策保持一致的背景下，也在复杂多变的环境中凭借着旺盛的创新力和竞争力，在全球广告市场中培育出许多新的产品、品牌和平台，创造出许多新的传播路径和传播形式，颠覆了全球广告产业的传统格局，触碰了既有产业框架的敏感地带，在收获产业发展成果的同时，也激发了许多新的矛盾，遇到了许多新的问题。广告产业如何洞察技术环境的变化，整合全场景资源，抢占全球市场，成为摆在全球广告产业面前的新问题。与此同时，全球的广告产业重新站在了同一起跑线上，对中国广告产业发展来说，如何把握新技术全球竞争给予的发展机会，将直接影响到中国广告产业在国际市场中的地位和影响。

综观当下，世界经济面临诸多突出问题，全球经济复苏仍然乏力，增长动力不足，经济全球化遇到波折，贸易和投资低迷，全球性挑战加剧了世界经济的不确定性。与此同时，经济全球化、区域一体化快速发展，不同国家和地区结成了你中有我、我中有你、一荣俱荣、一损俱损的关系。面对风险和挑战，"各方要发扬同舟共济、合作共赢的伙伴精神，加强宏观政策协调，创新经济增长方式，构建开放型世界经济，推动强劲、可持续、平衡、包容增长。让经济全球化进程更有活力、更加包容、更可持续，推动经济全球化朝着普惠共赢的方向发展。协调合作是我们的必然选择"，"孤举者难起，众

---

① 吕少峰，李雯. 国际化背景下中国广告自主运动的意义解读[J]. 广告大观，2005（12）：45-48.

行者易趋","建设联动型世界经济,凝聚互动合力"①。一方面,中国广告业的发展受到经济全球化、区域一体化的影响;另一方面,作为助推经济发展的重要手段,中国广告业也应在全球经济复苏中发挥重要的调节和推动作用。

从微观层面看,人性、审美、需求的共通性和受到文化全球化影响的文化趋同性,是广告产业不断在世界范围内融合发展的助推力量和必然选择。管理学家彼得·德鲁克的"全球购买中心"促成了"广告全球化"概念的提出。中外学者对"广告全球化"的理论论述集中表达了以下内涵:"国际品牌在全球所有国家和地区进行广告表现及传播时,其广告策略、表现方式、品牌个性形象甚至品牌名称的确定,都采用统一化战略,以适应全球化趋势,引领消费观念"②。与之相对应的是对本土化的论述,例如,"各国有自己独特的文化,不同国家与地区的消费者处于不同的文化背景中,由于长期的潜移默化,在语言、信仰、爱好、习俗等方面存在着差异,面对这种文化差异造成的不同消费行为,国际品牌在进入一个国家和地区进行传播时,其广告策略、表现方式、品牌个性策略等,要迎合当地的文化传播特性和审美口味而采取差别化策略,使品牌与当地的社会文化环境有机地融合起来。众多跨国公司正是通过推行其本土化策略,进一步彰显其品牌的市场活力,在本土化的过程中最终实现企业全球化的目标"③。无论是全球化还是本土化,均是对广告产业国际化微观层面内容展开的论述。然而,从目前全球广告产业格局和竞争态势看,近20年来,中国广告产业的全球化升级形成了技术革新的竞争,资本投入的变化,平台建设的拓疆,产品品牌的创新等多向度交织而成的复杂系统。

广告的国际化进程中包含了本土化过程,而广告的本土化是为总体的国际化服务的,两者相辅相成。"广告国际化是资本国际化的必然需求","经济全球化势必包括全球化的市场营销战略。"④ 广告的国际化具有两大意义:一是跨国广告业对跨国资本的服务,以全球标准化,同时又适应目标市场特定社会文化环境的方式促销跨国企业产品;二是跨国广告业的全球化标准的协

---

① 习近平. 在亚太经合组织工商领导人峰会上的主旨演讲 [EB/OL]. (2016-11-19) [2017-01-15]. http://jhsjk.people.cn/article/29023879.
② 张骏德, 赵路平. 论广告的"全球化"与"本土化" [J]. 新闻大学, 2004 (2): 93-95.
③ 尹春兰. 品牌传播的全球化与本土化策略 [J]. 经济问题, 2004 (7): 36-37..
④ 李娟. 经济全球化视角下国际市场营销策略分析 [J]. 商业经济研究, 2016 (19): 46-48.

调大规模作业,实现了对目标市场广告份额的攫取①。本土广告文化的国际性和国际广告文化的本土化是双向互动的。文化传播的途径往往是双向的,在许多情况下是一个互动的过程,外来文化与本土文化的区分在文化融合阶段是相对的,两种文化的关系及其自身价值要在互动的过程中方能得到充分的表现。这种状况在文化的制度、器物层面可以得到反映,在文化的精神层面也能得到表现②③。

在国际化的进程中,我们要有中国广告的声音,形成中国广告理论,传播中国独特的文化,构筑中国广告的运作模式。否则,我们不仅会渐渐丧失自己的声音,而且会沦为西方文化霸权的牺牲品。因此,广告行业需要自主结盟。更确切地说,我们需要借助资本的力量,达成本土广告公司之间的企业联盟,通过各种方式的联合,实行资源整合、优势互补、风险共担,实现规模化经营,形成强势的广告集团,依托综合实力提升广告业的整体服务水平,增强竞争实力。这种联盟可以是资本合作,也可以是业务的嫁接合作,以此达到集团化的目的。唯其如此,才有可能改变过去"小、乱、散"的局面,变散兵游勇为战斗集群,提高中国本土广告产业整体的核心竞争力与决胜筹码④。

广告产业的国际化和本土化如何更好地相互渗透与融合,是我们持续思考的问题。具体可关注四个层面:①新兴技术的迭代升级与未来场景;②资本市场的介入程度与影响状况;③国际市场的差异竞争与融合策略;④产业形态的传统延续与创新结构。

---

① 余建国. 经济全球化中广告的国际化与本土化 [J]. 宁波广播电视大学学报, 2012, 10 (2): 26-28.
② 徐君康. 广告文化传播的国际性与本土化 [J]. 当代传播, 2003 (4): 68-69.
③ 王晓朝. 文化传播的双向性与外来文化的本土化 [J]. 江海学刊, 1999 (2): 85-86.
④ 吕少峰, 李雯. 国际化背景下中国广告自主运动的意义解读 [J]. 广告大观, 2005 (12): 45-48.

第二章
政府引导下的中国广告产业国际化发展

第一节 广告产业国际化发展的宏观思路

一、广告产业国际化发展"引进来"思路的初启

1979年12月，党的十一届三中全会确定了解放思想、开动脑筋、实事求是、团结一致向前看的指导方针，做出了把全党工作重点转移到社会主义现代化建设上来的战略决策，开创了以建设为中心的时代，拉开了中国改革开放的序幕。1982年，党中央提出了以计划经济为主、市场调节为辅的改革原则，开始了我国向建设中国特色社会主义市场经济体系转变的进程。随着对外开放、对内搞活经济政策的提出，商品生产不断扩大，对外贸易得以迅速发展。广告产业作为商品经济的产物得到了全面恢复和发展，并不断取得新的成就。

1984年，党的十二届三中全会做出《中共中央关于经济体制改革的决定》，把实行"对外开放"定为基本国策，第一次正式提出了"社会主义商

品经济"的概念。随着改革开放政策的逐步扩大和深入发展,我国的国民经济开始由计划经济向市场经济转轨。

1986年10月11日,国务院发布《关于鼓励外商投资的规定》,涉外经济立法工作也迅速开展,使得外商投资有了一定的改善,提高了外商来华投资的积极性。1987年,中共中央提出了"允许存在、加强管理、兴利抑弊、逐步引导"的十六字方针,鼓励私营企业的发展,并进一步提出了私营经济合法化。在这样的政策背景下,外资经济和私营经济蓬勃发展,国有企业开始了股份制改革,国民经济得以高速发展。

二、广告业的发展与竞争催生"走出去"的产业发展思路

1992年1月18日至2月21日,邓小平先后到武昌、深圳、珠海、上海等地视察,并就一系列重大问题发表谈话(以下简称"南方谈话")。他认为:"计划多一点还是市场多一点,不是社会主义与资本主义的本质区别。计划经济不等于社会主义,资本主义也有计划;市场经济不等于资本主义,社会主义也有市场。计划和市场都是经济手段。"① 并提出了"基本路线一百年不动摇"的方针和"三个有利于"的评价标准,强调发展才是硬道理。"南方谈话"是一个崭新的起点,不但解放了思想,加速了中国的外开放对步伐,也加速了对内开放、对私企开放的步伐,为个体私营经济的发展又一次摆正了航向。此后,个体私营经济伴随着国民经济的发展而发展,改革的动力也从观念的突破转向制度的创新。

邓小平"南方谈话"发表以后,中国的经济改革由政策调整转向制度创新,中国社会进入了建立适应社会主义市场经济体制需要的现代企业制度的新的阶段。此前,虽然我国出现了一些私营(个体)广告企业,但是这些企业被限制在广告设计、制作范围之内,不得经营广告业务。而进入1992年后,国家改变了对广告业进行"总量控制"的政策,不再把个体、私营企业限制在设计、制作范围之外,允许各种经济类型的广告企业参与广告市场经营,进行公开、合法、公平的竞争,从而促进了我国广告市场的繁荣和发展。随后,我国广告主管部门推出了适合国际惯例、行之有效的"广告发布前事先审查制"和"广告代理制",推动了中国广告业向专业化、国际化方向发展。

---

① 邓小平. 邓小平文选:第3卷[M]. 北京:人民出版社,1993.

在对广告行业地位的确认方面，国务院在《关于加快发展第三产业的决定》中，把广告业列为十大重点支持的行业，制定了《关于加快广告业发展的规划纲要》，促进了广告行业的大发展，再次形成了连续三年的高速发展期。1992年，北京、上海、广东三地广告业发展加速凸显，三地广告营业额总和占全国广告总营业额的比重猛增了10个百分点，超过50%，占据全国广告经营的"半壁江山"。这种态势一直延续到现在。1992—1994年，广告营业额分别增长93.41%、97.57%、49.35%，平均每年递增80.11%。其中，1993年被称作"中国广告年"，这一年是中国广告业恢复发展以来增速最快的一年。1995年2月1日，《中华人民共和国广告法》正式实施，使我国广告业走上法制化、有序化、健康化稳步发展的道路。1994—2000年，我国广告营业额（后改成经营额）从200亿元上升到712.66亿元，广告经营单位由43 046户增加到70 747户，广告从业人员从41万人上升到64.1万人，分别增长了2.56倍、0.64倍、0.56倍[①]。广告行业呈现出强劲的发展态势。

2005—2008年，全球广告市场规模持续稳定增长，但由于金融危机的影响，2009年全球广告市场规模出现大幅下滑，营业额仅为4 437亿美元，同比下降10.2%。2010年后，全球广告市场逐步恢复并持续增长，根据尼尔森（Nielsen）的报告《全球广告观察脉搏》（Global AdView Pulse），2010年第一季度，全球广告支出增长了12.5%，达到1 100亿美元（732亿英镑），"走出谷底"。其间中国广告经营额一直保持稳步增长，尤其是2009年，在全球金融危机的背景下，中国广告行业整体营业额仍达到2 041亿元，首次突破了2 000亿元大关，比上年度增加141.47亿元，增长率为7.45%，广告经营额占GDP的比重仍稳定在0.6%左右；广告经营单位204 937户，比上年度增加19 172户，增长率为10.34%；广告从业人员133.3万人，比上年度增加6.67万人，增长率为5.27%。虽然2009年是近30年以来增长率最低的年份，但在金融危机背景下，这个数据具有特别的意义。

2001年11月10日，中国正式加入世界贸易组织（WTO），在服务贸易中承诺的对外资广告开放的时间表逐一实施兑现。按照加入WTO的协议承诺，从2005年12月10日以后，取消开展媒介业务必须成立合资公司的政策限制，允许外国广告公司以独资的方式进入中国广告市场。2008年8月22

---

① 根据中国广告协会、国家统计局公开数据整理。

日，国家工商行政管理总局和商务部联合颁布《外商投资广告企业管理规定》，这意味着中国的广告市场大门彻底向全世界敞开，我国将享受多边贸易体系多年来促进贸易自由化的成果，享受多边的、稳定的、无条件的最惠国待遇，中国享受的权利有助于中国商品进入国际市场。但加入世界贸易组织也给中国政府和企业带来了挑战，对政府加快职能转换、依法行政，企业提高技术水平、加快结构调整、提高管理水平均提出了新要求。这一阶段，我国经济社会得到了良好的发展，国民经济总体呈现"增长速度较快、经济效益较好、价格涨幅较低、群众受惠较多"的良好发展态势，经济社会发展的协调性增强。各类产业发展向外拓展的愿望和行动不断增强，客观上要求中国广告产业在其中发挥重要作用。与此同时，中国广告产业面临发展的机遇和竞争的挑战，在前期"引进来"的基础上，催生了"走出去"的发展思路和强烈势头。

为了提高本土广告公司的竞争力，本土广告公司一直在努力寻找自身的出路。在国际化发展、并购、出售三条道路之间做出艰难的抉择，走上了资本运作的道路。在此过程中，本土广告公司通过招徕与培育具有国际素养的广告人才为资本运作和跨国广告活动提供重要支持。外资广告公司走进国门至今，也面临着激烈的竞争。在残酷的生存现实面前，外资广告公司进行了人员结构的本土化调整。为了压缩成本，外资广告公司辞退外籍管理人员，以更实惠的低成本在中国物色本土的人力资源，并移植国外的一套管理方法，通过更了解中国国情的本土广告人，将广告业务更好地延伸到中国本土的品牌。中国同样也采取了促进人才国际化的各项举措，广告人才国家间流动、交流与学习频繁展开。例如，2004年9月，在北京成功地举办了第39届世界广告大会（IAA），英国、美国、加拿大、日本、法国和澳大利亚等国家的专家来访、办讲座等，帮助中国广告业迅速融入经济全球化的进程之中。进入新世纪之后，广告市场的竞争日趋激烈，国际上甚至提出"公关的兴起，广告的消亡"的观点。一些大型广告公司在逆境下突围，拓宽自己的业务领域，进军文化创意产业，通过整合市场资源、企业股份制改造等举措，初步实现了集团规模化经营，也要求广告人才具备较强的文化素养和创新、创意能力，具有更广阔的文化视野，同时，更多具有国际视野的广告人才的引进进一步促进了中国广告与世界的接轨。

三、广告业国际化发展逐步明晰"中国特色"

随着智能手机的普及，移动互联网用户量的快速增长，以及移动社交媒体的迅速发展，消费者的上网行为从传统 PC 端互联网向移动端进行迁移，推动了移动互联网广告市场持续快速增长。根据北京贵士信息科技有限公司（QuestMobile）发布的《2021 中国互联网广告市场洞察》，2021 年，中国互联网广告市场规模达 6 550.1 亿元，增长率为 20.4%。按渠道划分，中国互联网广告主要由移动互联网广告、PC 广告、OTT 及智能硬件广告组成。2021 年，移动互联网广告仍然是中国互联网广告市场最大的组成部分，占比 89%；互联网电视及智能硬件广告市场占比反超 PC 广告，占据中国互联网广告市场 5.8% 的份额；电脑端广告占比 5.2%。

中国广告产业进入移动互联网时代以来，展现出极强的创新能力，针对垂直行业的移动广告平台在各自领域逐渐形成规模化经营，移动互联网广告产品的创新和成熟，进一步吸引广告主向移动互联网广告市场倾斜。移动程序化营销、场景营销、泛娱乐化营销、自媒体社群营销、电商平台直播带货、短视频营销等，在中国成为移动营销创新发展的重要形态。与此同时，随着人工智能、虚拟现实/增强现实等领域技术开发的推进及其在广告行业中的快速渗透，新兴数字媒体广告产业链更加完整，更具引领性。中国广告人才在创新运用新的营销观念和营销方式方面，承担着新的专业分工，在国际广告人才领域占有独特的地位。

创意仍是广告行业发展的内生动力。网络化购买、发布的普及省略了许多中间环节，使市场资源更容易对接，市场信息更加对等。移动互联网广告的快速发展正从根本上改变着广告市场的格局，技术人员为广告注入新的活力，市场也重新赋予"创意"新的内涵。更值得一提的是，移动互联网的发展给予世界各国重新站在媒介发展和广告发展同一起跑线的机会。中国在这次发展中表现出了强劲的发展动力和旺盛的发展势头，从移动互联网的媒介形式、媒介数量到媒介使用范围的广度和深度，都处于极大的优势之中，而基于移动互联网发展而来产生新的广告传播类型和形式，也带来让人眼前一亮的新鲜感，为中国广告业注入了新的发展动力。

2013 年 9 月和 10 月，习近平分别提出建设"丝绸之路经济带"和"21世纪海上丝绸之路"的合作倡议。2015 年，经国务院授权，国家发展改革委、外交部、商务部共同发布了《推动共建丝绸之路经济带和21世纪海上丝绸之路的愿景与行动》。共建"一带一路"倡议在全球格局变幻的大背景下提出，是中国面对全球化时代挑战，横跨亚、欧、非大陆的伟大举措。但面对资源环境、经济发展水平、宗教信仰、民俗风情和消费习惯的差异化，多元文化融合具有极大的挑战性。积累"一带一路"国家对共建"一带一路"倡议的认知接受状况，分析"一带一路"建设所处的国际舆论生态，将有助于促进国家之间的交流与合作，服务于人类命运共同体的建设。

"一带一路"品牌传播是对共建"一带一路"倡议传播的积极呼应，旨在贯彻国家传播战略，加强我国对外传播的现实针对性，促进国家之间的交流与合作，以更好地创新中国话语，发出中国声音，引导国际公众舆论。传播共建"一带一路"倡议的意义在于塑造中国兼容并包、互利互惠，与共建国家携手共同进步的大国形象，表达出"一带一路"建设连接中外、协作发展、共同繁荣的时代主题。虽然互利合作是共建"一带一路"倡议的基调，但国际舞台纷繁复杂，风云变幻，政党轮替、社会动乱，甚至网络谣言都可能诱发针对中国的舆论冲击。因此，要引导网络社会达成利益共识和价值共鸣，建立一个适合多元主体参与的治理框架和社会机制，使多元主体能够提出自己的利益诉求，然后在沟通交流、相互妥协、协商一致的基础上达成共识。

以互利合作为根本，着眼于构建新时代"一带一路"建设品牌传播广告行业，要从展示发展愿景和核心竞争力的角度，完成对如下内容的建构与展示：第一，协调国家、城市、企业、品牌等各类传播主体，实现传播结构的整合优化；第二，结合媒介技术的革新对信息传播和接受的变化，从宏观与微观、自我与他者、整体与碎片等维度解决传播视角的选择问题，推动完善国际社会对中国国家形象中，政治、历史、经济、文化等维度的综合印象；第三，利用宣传片、纪录片、品牌商业宣传等形式，借助平面媒体、长视频、短视频、网络游戏等表现形式的特点和优势，以及各种形式的组合运用，通过线上、线下相结合的跨媒体沟通，实现国家及其宏观战略品牌传播的媒介策略优化，形成对外传播的组合力量；第四，综合运用大数据、云计算、5G技术等，为"一带一路"建设多元文化传播提供更坚实的技术支持。总之，中国广告行业站在独立的国际立场和视角，充分开展国际传播活动，拉开了具有中国特色广告业的新篇章。

第二节　广告产业国际化发展的政策保障

一、中国广告产业的政策保障是国际化发展的核心基础

1979年11月，中央宣传部发出了《关于报刊、广播、电视台刊登和播放外国商品广告的通知》，指出要调动各方面的积极因素，更好地开展外商广告业务（当时我国并没有设立相关的广告管理机构，便由宣传部暂代广告产业政策文件的颁布和实施）。这是我国改革开放以来颁布的第一个广告产业政策。这一政策首先肯定了广告对于传播经济信息、促进贸易发展的作用，对于恢复和发展报刊、广播、电视等媒体广告业务，推动其他形式广告业务活动的发展具有重要意义，有力地促进了广告产业的发展。

二、鼓励"引进来"的开放性广告政策

自1980年批准成立经济特区以来，经济特区得到了快速的发展，广告产业也随之发展繁荣。1986年，国家工商行政管理局颁布《关于经济特区广告宣传的几点意见》，要求特区工商行政管理局在当地政府的领导下，统一研究制定广告的发展规划。该意见有力地促进了经济特区广告产业的发展。而《关于举办来华经济技术展览会等经营广告审批办法的通知》《关于对南朝鲜企业在我国刊播广告进行管理有关问题的通知》等，扩大了广告市场的空间和经营范围。《关于外国广告企业设立常驻代表机构批准权限的通知》和《关于对外国企业常驻代表机构从事广告业务所取得的佣金、手续费征收工商统一税、企业所得税的通知》的颁布，进一步放开了外资进入的范围，鼓励外资的进入和民营广告经营单位的出现[①]。

---

① 梅晓春. 我国广告产业政策的发展研究［J］. 广告大观（理论版），2012（1）：52-76.

三、设立机构和颁布法律法规引导和保障广告产业国际化发展

1980年，国务院明确广告业由国家工商行政管理总局管理，并于1982年正式建立了广告管理机构——国家工商行政管理总局广告管理处。1983年，国家工商行政管理总局改为国家工商行政管理局，下设广告司。严格地说，广告管理机构的设立不能算是产业政策，但对于中国广告产业的发展具有历史性的重大意义，使得我国广告产业有了明确的管理归属，广告产业在组织上有了统一的管理机构，从而开始了对广告产业的规范管理。

1980年，国务院指定国家经贸委和国家工商行政管理总局起草了《广告管理暂行条例》，并开始了《广告管理暂行条例实施细则》的制定。《广告管理暂行条例》是中华人民共和国成立以来第一个全国性综合广告管理法规，能调整广告管理、广告经营、广告用户以及广告消费者之间的广告活动，协调各方面的关系，正确发挥广告在促进生产、指导消费、活跃经济、方便人民生活，以及发展经济贸易等方面的作用。《广告管理暂行条例》的颁布标志着我国广告经营活动开始了规范化的行政管理，初步规范了广告市场运行，克服了当时广告管理和经营中的一些混乱现象，保证了广告事业的健康发展。

1994年10月，第八届全国人民代表大会第十次会议通过了《中华人民共和国广告法》，于1995年2月起施行。2015年4月及2021年4月，国家先后对其进行了两次修正，相关法条不断完善，对于广告活动中边界模糊的定义不断清晰。《广告法》的逐步完善进一步规范了我国的广告市场，推动了我国广告产业国际化发展。除此之外，《关于报刊、书刊、电台、电视台经营、刊播广告有关问题的通知》和《关于出版物封面、插图和出版物广告管理的暂行规定》等，对于媒体广告业务以及其他广告推广形式进行了认定和加强。而《药品广告管理办法》《关于加强对轻工产品广告宣传管理的通知》《关于加强体育广告管理的暂行规定》《食品广告管理办法（试行）》《关于做好农药广告管理工作的通知》等政策文件，规范了广告投放的商品类别，促进广告投放商品类别的丰富化、多元化。

四、广告产业国际化发展概念的提出和逐渐明晰的发展思路

2006年9月13日颁布实施的《国家"十一五"时期文化发展规划纲要》

明确将广告业纳入文化产业中，要求发挥各类媒体的作用，积极促进广告业的健康发展，努力扩大广告产业规模，提高媒体广告的公信力，广告营业总额有较快增长。推进文化产业的发展成为广告产业发展的一个重要契机。

为贯彻落实"十一五"规划纲要和《国务院关于加快发展服务业的若干意见》，促进广告业又好又快发展，国家工商总局和国家发展改革委2008年颁布了《关于促进广告业发展的指导意见》，明确指出知识密集、技术密集、人才密集的广告业是现代服务业的重要组成部分，是创意经济中的重要产业，在服务生产、引导消费、推动经济增长和社会文化发展等方面发挥着十分重要的作用，其发展水平直接反映一个国家或地区的市场经济发展程度，科技进步水平，综合经济实力和社会文化质量。推动我国广告业发展，提高广告业在现代服务业中的比重和整体水平，是适应对外开放新形势，加速国内国际市场信息交换，提高资源配置效率，增强自主创新能力和民族品牌竞争力的迫切需要；是促进产业结构调整优化，加快转变经济发展方式，推进文化、体育、影视、媒体、信息、会展、创意、中介服务等相关行业发展的有效途径；是全面建设小康社会和构建社会主义和谐社会的内在要求。

改革开放以来，我国广告业得到快速发展，显示出强劲的发展活力。截至2007年底，全国共有广告经营单位17.3万户，从业人员111.3万人，经营总额达到1 741亿元，已成为具有一定规模、推动民族品牌创建和创意经济发展的重要产业，进入了国际广告市场前列[1]。但是，制约广告业健康发展的矛盾和问题也很突出，特别是多年来我国广告业总体规模持续增长，但具有综合实力和国际竞争力的广告企业不多；广告业发展存在区域性不平衡，中西部地区与东部地区差距明显；广告从业人员中，高端专业人才较少，缺乏国际广告运作经验；公益广告事业发展缓慢，缺乏有效的鼓励措施和激励机制；广告诚信度不高，市场秩序有待进一步规范，等等。

《关于促进广告业发展的指导意见》明确提出坚持广告业协调、健康、可持续发展，坚持经济效益与社会效益并重，努力提高广告业的整体素质和国际竞争力，在国际化视野下发展中国广告业，走中国特色广告业发展道路。创新观念，完善体制，健全机制，逐步构建广告业公共服务管理体系；以发展创意产业、技术创新和保护知识产权为契机，积极调整和优化广告产业结

---

[1] 中国广告协会．中国广告年鉴2007［M］．北京：新华出版社，2008.

构，全面提高广告业的专业水平；健全广告市场规则，保护消费者和广告活动主体的合法权益，完善广告业发展的促进机制和保障机制。

《关于促进广告业发展的指导意见》还制定了包含"培育具有国际竞争力的广告企业，推行现代企业制度，引导广告产业结构调整，尽快培育一批拥有著名品牌和先进技术、主业突出、核心创新能力强、具备较强国际竞争实力的大型广告企业"的主要目标和任务，并从增强广告企业竞争力、加强广告业对外开放与交流，促进公益广告发展等方面给予广告业国际化发展以相应的指导。

增强广告企业竞争力，加快培育大型专业广告企业。鼓励具有竞争优势的广告企业通过参股、控股、承包、兼并、收购、联盟等方式，在国际广告市场占有更多的市场份额，实现做大做强；鼓励拥有著名品牌的大型企业通过为其提供全面服务的广告公司，提高国际市场竞争力。

加强广告业对外开放与交流。加强与国际广告业的交流合作，把参与国际广告市场竞争作为转变发展方式，培育我国驰名国际品牌，提升我国对外开放水平的重要内容，积极融入国际广告企业链，引导具有广告业务的外商投资中国广告业；鼓励国内广告企业走向国际市场。

促进公益广告发展，提高公益广告水平。充分发挥公益广告在传播社会文明，弘扬良好道德风尚等方面的重要作用；鼓励社会团体和企业通过公益广告，树立良好的社会形象；弘扬优秀民族文化，吸收其他国家和地区的先进文化，采取切实可行的措施，提高公益广告策划、创意和制作水平；鼓励开展公益广告学术研讨，继续支持公益广告作品评优工作，建立公益广告创新研究基地。

五、明确"引进来""走出去"相结合的广告业国际化发展思路

"十一五"期间，我国广告经营额年均递增 10.6%，2010 年达到 2 341 亿元，广告经营单位达到 24.3 万户，广告从业人员达到 148 万人。广告市场主体涵盖各种所有制形式，广告服务专业化水平不断提高，广告新技术、新设备应用广泛①。广告业对关联行业的联系更加密切，与社会发展的融合度进一步提高，行业的社会贡献度不断提高。广告人才培养初具规模，全国有 300

---

① 根据中国广告协会、国家统计局公开数据整理。

多所高校开设了广告学专业，全国统一的广告专业技术资格评价制度开始实施。公益广告作为宣传国家政策、社会主义核心价值体系和创新社会管理的重要形式进入社会生活。以《广告法》为核心的广告法制体系初步形成，广告理论创新取得一定成果。各地广告行业性组织基本建立，广告行业自律机制逐渐完善。广告业的国际交往日益紧密和广泛，国际性、全国性、区域性广告交流活动日趋活跃。按照我国加入世界贸易组织的承诺，我国广告业已经对外资全面开放。我国广告市场的总体规模已经进入世界前列，基本具备了可持续发展的基础和条件。

《广告产业发展"十二五"规划（2011—2015）》指出，在广告业快速发展的同时，也应看到问题和差距。由于起步晚、起点低，受重视程度远低于市场经济发育成熟的国家和地区，我国广告业总体上还处于较低的发展水平。目前广告经营额仅相当于国内生产总值的0.6%，低于世界平均水平，广告经营额仅占社会消费品总额的1.75%[1]，不及发达国家平均水平的一半，人均广告费远低于发达国家，广告业的规模与我国世界第二大经济体和第一大出口国的地位极不相称。同时，我国广告业专业化、集约化、国际化程度不高，拥有自主知识产权少，总体服务质量有待提高。粗放经营方式普遍存在，创新能力不强、动力不足。广告市场国际竞争力较弱，区域发展不平衡。虚假违法广告、不正当竞争等问题依然存在，市场秩序需要进一步规范。国家政策支持力度亟需加大，广告市场环境需进一步改善。总之，我国广告业的发展现状与经济、社会和文化发展的要求，与推动经济发展方式转变的需要还有较大差距。

《广告产业发展"十二五"规划（2011-2015）》明确包含了国际化发展的内容："以邓小平理论和'三个代表'重要思想为指导，深入贯彻落实科学发展观，以全面提升产业整体素质与市场竞争力为目标，以协调、健康、可持续发展为主题，以做强、做大、做精、做专为方向，以改革、创新为动力，以完善管理与服务体系为保障，加快资源整合、结构调整和产业升级，加速集约化、专业化、国际化发展进程，培育具有较强实力的市场主体，推动产业集聚，使广告业发展成为服务业及文化产业发展新的增长点，为经济社会

---

[1] 根据中国广告协会、国家统计局公开数据整理。

发展、传播社会主义精神文明和促进社会和谐作出新贡献。"①

《广告产业发展"十二五"规划（2011-2015）》强调"区域协调与国际竞争并推。在缩小中西部与东部差距、推动区域广告业协调发展的基础上，整合国内广告资源和要素，提高整体实力与核心竞争力，积极参与国际竞争"②。

《广告产业发展"十二五"规划》的多项内容与国际化发展相关。"十二五"期间，广告创意、策划、设计、制作水平全面提升，广告业集约化、专业化和国际化水平大幅提高，规模速度与结构质量协调发展，整体实力与核心竞争力显著增强，对经济社会和文化发展的贡献度不断加大，努力实现由传统广告业向现代广告业，由以国内市场为主向国际市场延伸，由粗放型向集约型，由布局相对分散向合理集聚，由低技术水平和低附加值向高技术和高附加值的转变。

广告经营额保持平稳较快增长。全国广告经营额年增幅在12%左右；规模进一步扩大，实力进一步加强，形成一批具有国际竞争力、年经营额在50亿元以上的广告集团，以及经营额在10亿元以上的大型广告骨干企业和一大批专业化程度高、创新能力强的优质中小型广告企业③。

自主创新能力进一步提高。原始创新、集成创新、引进消化吸收再创新能力明显增强，高新技术和新一代信息技术得到广泛应用，广告创意、策划、设计和制作达到或接近国际先进水平，培养了一大批国际化、创新型高端广告专业人才，建成若干个具有国际先进水平的广告研发创意基地，建立服务行业发展的公共服务平台。

市场竞争力进一步增强。广告企业经营规模化、技术高新化、服务专业化、营销品牌化取得重大进展，形成一批拥有自主知识产权和知名品牌，以及具有较强的创新能力与核心竞争力的龙头企业，参与国内外市场竞争的能力不断提高，有更多的广告企业走向国际市场。

《广告产业发展"十二五"规划》第一项、第三项、第四项、第六项均

---

① 中华人民共和国工商总局. 工商总局印发《广告产业发展"十二五"规划》［EB/OL］.（2012-06-18）［2020-05-05］. https://www.gov.cn/gzdt/2012-06/18/content_ 2163763.htm.

② 中华人民共和国工商总局. 工商总局印发《广告产业发展"十二五"规划》［EB/OL］.（2012-06-18）［2020-05-05］. https://www.gov.cn/gzdt/2012-06/18/content_ 2163763.htm.

③ 根据中国广告协会、国家统计局公开数据整理。

涉及国际化发展内容，从广告企业竞争力、广告业自主创新、扩大广告业对外开放和广告人才培养多个维度，阐明了"走出去"的强烈愿望。

提升广告企业竞争力。"打造具有全球服务能力的我国大型广告集团。鼓励有实力的国内大型媒体和广告企业通过参股、控股、兼并、收购、联盟等方式做强做大，构建股权多元化、运作市场化的广告集团化运营机制，着力提高其为大企业、大品牌、大工程提供综合策划、推介服务和海外拓展等全方位服务能力，不断增强国际竞争力。"

推动广告业自主创新。"加快广告业理论创新。支持开展对广告业功能作用、发展规律、发展趋势、发展政策、广告监管制度和广告学科理论的研究。鼓励原创性、基础性研究和应用性研究，以及对广告市场热点和前沿问题的研究，构建与我国社会主义市场经济文化特征相适应的广告业理论体系，推出一批高质量的广告理论研究成果，推动我国广告理论的自主创新发展。支持成立全国性和区域性的广告研究机构，利用与整合研究资源，建设广告业发展研究与国际交流平台。"

扩大广告业对外开放。"坚持'引进来'与'走出去'相结合，加快广告业对外开放步伐，不断提高广告业的国际化水平。引导外商投资中国广告业，提高利用外资质量和水平。加强国内外广告企业的交流合作，积极参与广告业的国际竞争。积极融入国际广告产业链，鼓励国内广告企业走向国际市场，以设立企业、并购、参股等形式开展对外投资合作，积极开展国际化经营，为更多的'中国制造'和'中国创造'商品与'中国服务'品牌开拓国际市场提供国际化专业服务和传播网络，使中国商品和服务在国际市场上占有更大份额。举办各类国际性活动，支持广告企业和广告专业人员参加国际性的广告交流活动，并通过中国服务贸易大会、中国国际广告节等平台，扩大我国广告企业与广告服务在国际上的影响力。加强内地广告业与港澳台广告业的交流与合作。"

加强广告人才培养。"建立广告专业人才学历教育与职业培训互补机制，推动广告人才培养产学研一体化，形成高等院校、广告行业组织、广告经营单位各展其长、互补共进的人才培养模式。鼓励普通高等院校和职业技术院校根据广告业发展的需求，建设广告学科和专业，开设广告课程，培养和输送更多符合市场需要的广告专业人才。支持有条件的高等院校、科研机构、中介服务机构和广告经营单位，建立广告教育培训基地和实习实训实践基地，加强对广告从业人员的职业技能培训，不断优化广告人才结构，提高广告人才整体素质。根据广告业发展需要，有针对性地引进国际广告人才。"

《广告产业发展"十二五"规划》从投融资政策的角度给予广告产业国际化发展明确的支持。"吸引社会资本和国外资本投资于国内广告业，形成投资主体多元化的格局。引导国内外金融机构、风险投资机构、担保机构、产权交易机构及相关机构以参与投融资的方式，支持国内重大广告项目的实施。支持运用高新技术进行广告创业的风险投资。鼓励广告行业组织在具备相关资质的广告企业与金融机构之间搭建合作平台。"

六、广告产业国际化发展思路的深化与细化

(一)"十三五"时期广告产业的发展基础和机遇

1. 发展基础

服务能力显著提升。"广告业专业化发展进程加快，广告创意、设计、制作水平提高，服务领域扩大，服务质量和效率提升。互联网广告助推中小企业开拓市场，活跃经济。广告业自主品牌建设不断增强，一批优质广告企业开始进入国际广告市场"。行业建设积极推进。"广告领域的商事制度改革顺利进行，行政审批基本取消。行业组织建设加强，改革稳步推进。广告教育和职业培训发展迅速，全国有400多所高等院校设立了广告学专业。第43届世界广告大会在北京成功举办，广告业组织和参与的国内、国际活动更加活跃"。

2. 发展机遇

随着经济全球化的深入和国家积极推进共建"一带一路"，广告业的国际化发展机遇增多。加强广告法制建设为建立广告市场竞争秩序、促进广告业健康发展提供了重要保障。广告业要正确认识和把握战略机遇期，坚定发展信心，适应经济发展新常态下市场和环境的变化，在"十二五"时期全面发展的基础上再上新台阶。

(二)《广告产业发展"十三五"规划》的指导思想和规划目标

1. 指导思想

全面贯彻党的十八大和十八届三中、四中、五中全会精神，牢固树立"创新、协调、绿色、开放、共享"的发展理念，坚持以提高发展质量和效益

为中心,以创新驱动和融合发展为重点,继续提高集约化、专业化、国际化发展水平,提高服务国家社会经济发展的能力,强调和落实关于广告导向的总要求,发挥广告传递正能量的作用。

2. 规划目标

增强创新能力。广告产业技术创新、管理创新、制度创新有新成果,广告创意、策划、设计和制作水平达到或接近国际先进水平,广告作品在国际广告业具有影响力,"大众创业、万众创新"孕育的小微企业等新兴广告主成为创新力量和发展的增长点。

《广告产业发展"十三五"规划》还从提升广告企业服务能力,提升广告产业国际化水平,推进行业组织改革发展等重点任务的角度,对广告产业的国际化发展提出了具体的要求。

提升广告企业的服务能力。"打造具有国际化服务能力的大型广告企业集团,服务国家自主品牌建设,提高对自主品牌传播的综合服务能力,争取能产生年广告经营额超千亿元的广告企业集团,20个年广告经营额超百亿元,50个年广告营业额超20亿元的广告企业。"

提升广告产业的国际化水平。"继续坚持广告业'引进来'与'走出去'相结合,从引进资金、设立外资企业,转向引进广告业国际理念、国际信息、国际资源等,提高广告业发展国际化水平,推动广告业成为服务国家开放、树立国家形象的有生力量。鼓励具有国际视野、国际思维、国际品质和民族特色的国内广告企业走向国际市场,以设立企业、并购、参股、租借等形式开展对外投资合作,吸引国际广告资源,开展国际化经营,参与国际竞争。支持、鼓励广告服务向国际化延伸,积极参与'一带一路'建设、制造强国建设等,为更多的中国制造、中国创造、中国品牌开拓国际市场提供广告专业服务,用广告树立民族品牌和国家形象。加强内地广告业与港澳台广告业的交流与合作。支持具有国际化特色的广告产业园区建设国际化发展协作体。支持广告业积极参与和深化国际交流,加强广告国际传播能力建设,展示中国广告形象。支持推动中国本土广告作品、广告案例获得国际奖项实现新的突破。"

推进行业组织改革发展。"办好中国国际广告节、中国广告论坛、中国互联网广告高峰论坛、中国大学生广告艺术节以及相关行业活动。代表中国广告行业参加国际广告组织,建设好国际广告协会中国分会,加强与国际广告组织以及各国、各地区广告组织工作联系，组织中国广告业界参加国际广告交流活动。积极引导整合行业组织，规范广告业各类活动秩序。"

七、广告产业国际化发展战略全面升级与实施

"十三五"期间，我国广告行业市场规模得到迅速扩大，国家陆续出台并实施了一系列重大发展战略，促进国民经济水平的进一步提高，同时也为广告行业提供了广阔的国际、国内发展空间。

国家市场监督管理总局公布的数据显示，2022年，我国（不含港澳台，下同）广告市场总体规模达到1.2万亿元，市场活跃度显著提升。经过一系列的调整，广告经营单位及广告人员结构逐渐进入良性发展轨道。与此同时，互动广告营销仍是拉动广告增长的重要力量，呈现较强的创新能力，持续保持快速发展的势头，对世界互动广告发展的引领作用逐步显现；市场监管能力增强，违法广告案件得到遏制，广告管理正在成为规范的、引导市场经济发展的重要力量。

在广告行业方面，"十三五"期间，我国广告公司一改之前本土化特征明显、国际竞争力不足的现状，整个行业向国际化发展迈进了一大步。近年来，一大批本土广告公司集体崛起，例如，以省广集团、蓝色光标等为代表的综合性广告集团，以阿里妈妈、广点通等为代表的依托大型互联网企业的数字营销公司，以品友互动、悠易互通等为代表的广告技术公司，等等。可以说，专业化、规模化已经成为我国广告产业发展的新景观。

《中华人民共和国国民经济和社会发展第十四个五年规划和二〇三五年远景目标纲要》（以下简称"'十四五'规划"）指出，"十四五"时期经济社会发展必须要高举中国特色社会主义伟大旗帜，深入贯彻党的十九大和十九届二中、三中、四中、五中全会精神，坚定不移贯彻创新、协调、绿色、开放、共享的新发展理念，以推动高质量发展为主题，以深化供给侧结构性改革为主线，以改革创新为根本动力，统筹发展和安全，加快建设现代化经济体系，加快构建以国内大循环为主体，国内国际双循环相互促进的新发展格局，为全面建设社会主义现代化国家开好局、起好步。展望2035年，我国将基本实现社会主义现代化，形成对外开放新格局，参与国际经济合作和竞争优势明显增强。

"十四五"规划在产业体系及市场、人才、科技创新、文化建设等方面，

对我国广告产生的国际化发展做出明确的方向指示。

(一) 产业体系及市场

"十四五"规划指出，要坚持把发展经济着力点放在实体经济上，加快推进制造强国、质量强国建设，促进先进制造业和现代服务业深度融合，强化基础设施支撑引领作用，构建实体经济、科技创新、现代金融、人力资源协同发展的现代产业体系。同时要坚持扩大内需这个战略基点，加快培育完整内需体系，把实施扩大内需战略同深化供给侧结构性改革有机结合起来，以创新驱动、高质量供给引领和创造新需求，加快构建以国内大循环为主体、国内国际双循环相互促进的新发展格局。坚持引进来和走出去并重，以高水平双向投资高效利用全球资源要素和市场空间，更大力度吸引和利用外资，有序推进电信、互联网、教育、文化、医疗等领域相关业务开放。完善境外生产服务网络和流通体系，加快金融、咨询、会计、法律等生产性服务业国际化发展，推动中国产品、服务、技术、品牌、标准走出去。建设更高水平开放型经济新体制，优化区域开放布局，健全开放保障体系，优化提升驻外外交机构基础设施保障能力。国民经济的稳步发展、对外开放新格局的开创、国内外市场的进一步扩大为广告产业的发展、中国广告扩展国际市场提供了根本保障。

(二) 激发人才创新活力

"十四五"规划指出，要贯彻尊重劳动、尊重知识、尊重人才、尊重创造方针，深化人才发展体制机制改革，全方位培养、引进、用好人才，充分发挥人才第一资源的作用。不仅要在遵循人才成长规律和科研活动规律基础上培养更多国际一流的战略人才，培养具有国际竞争力的青年科技人才后备军，还要完善人才评价和激励机制，以使人才更好发挥作用。目前广告行业普遍面临广告人才匮乏的问题，不仅体现在人才城市分布不均上，还体现在广告人才技能水平没有及时顺应时代潮流上。人才作为广告产业最宝贵的资源，与广告发展速度、广告国际化程度有着紧密的联系，加强人才培养是促进中国广告国际化的当务之急。

(三) 科技创新体制机制

"十四五"规划指出，要健全知识产权保护运作机制，实施知识产权强国战略。保护知识产权、尊重文化产出的良好社会环境，无疑为广告产业的进一步发展提供了社会保障。要加快数字化发展，建设数字中国，积极迎接数字时代，激活数据要素潜能，推进网络强国建设，加快数字经济、数字社会、数字政府，以数字化转型整体驱动生产方式、生活方式和治理方式变革。充分发挥海量数据和丰富应用场景优势，促进数字技术与实体经济深度融合，赋能传统产业转型升级，催生新产业、新业态、新模式，壮大经济发展新引擎。推进网络空间国际交流与合作，推动以联合国为主渠道、以联合国宪章为基本原则，制定数字和网络空间国际规则，推动构建网络空间命运共同体。新冠疫情使数字化广告按下了快进键，受众对于数字化广告的接受度、依赖度显著提高，在此背景之下，国家对于人工智能、大数据、云计算、网络安全等新兴数字产业的重视，为广告产业的进一步发展提供了良好的技术支撑，也进一步指明了广告产业发展的方向。

（四）文化建设

要发展社会主义先进文化，提升国家文化软实力。健全现代文化产业体系，实施文化产业数字化战略，加快发展新型文化企业、文化业态、文化消费模式，壮大数字创意、网络视听、数字出版、数字娱乐、线上演播等产业。实施文化品牌战略，打造一批有影响力、有代表性的文化品牌。培育骨干文化企业，规范发展文化产业园区，推动区域文化产业带建设。积极发展对外文化贸易，开拓海外文化市场，鼓励优秀传统文化产品和影视剧、游戏等数字文化产品"走出去"，加强国家文化出口基地建设。

第三章
市场驱动下的中国广告产业国际化发展

第一节 市场化发展进程中的顺势拓展

一、数量激增与初步形成的产业规模

改革开放后，随着商品经济的发展，中国广告业也得到了蓬勃发展。1979年，全国广告行业从业人员为1 000人左右，广告经营单位只有十几家，当年的广告营业额约为1 000万元。1981年，广告营业额突破1亿元，全国广告公司发展到100多家，发布广告的报纸、杂志200多家，广告从业人员1.6万多人。中国广告业乘着发展的契机取得了令世界瞩目的成就。广告事业的经营水平和经营额得到了显著的提升，1987年，我国的广告经营额首次突破了11亿元；到了1989年，广告市场的年营业额增加到25亿元，占GDP比重由1981年的0.02%升到0.14%。尤其是在1983年至1985年，广告营业额

增长幅度保持在 60% 左右，广告市场形成了初步的产业规模①。

（一）广告国际化伴随经济开放迈步

在分析和解读中国广告事业逐步规模化时，既要从整体上把握中国广告事业的经营状况和发展趋势，又要深入分析和研究广告事业组成部分的发展现状。因为广告事业的发展并不是依靠某个孤立的因素，而是得益于内部力量和外部因素相互影响的聚合效应。从广告事业的内部看，广告主、广告公司和广告媒介的存在，如同推动社会主义市场经济环境下中国广告事业发展的"三大支柱"。广告作为一项产业，在国民经济中所占的比重逐年提升。广告主作为推动广告市场繁荣发展的重要力量，对中国广告事业的发展贡献良多。

1979 年 1 月 4 日，《天津日报》第三版刊登了蓝天牙膏的广告，拉开了报纸广告的序幕。同年 3 月 5 日，上海人民广播电台播发了"春雷药性发乳"广告，第一例商业广播广告也开始播出。3 月 9 日晚，上海电视台播放一场篮球赛，中场休息时，出现了男篮球员张大维喝"幸福可乐"的画面。这是中国广告事业进入恢复期以后出现的第一例名人电视广告。从广告的性质看，率先在我国的报纸、电视和广播三大媒体上恢复发布的这三条广告都属于商业广告。

正是广告主基于推广、宣传和销售自己产品或服务的需要，投入大量的广告费进行广告策划，并且选择不同的媒体进行广告投放，才推动了中国广告事业欣欣向荣的发展。同时，随着市场经济的发展，我国的居民生活日益丰富起来，生活水平步入了"小康家庭"阶段，消费品市场的产品种类繁多，而不同类型的消费品企业都不约而同地选择广告作为市场营销的重要手段之一，各领域中竞争的集中化趋势在不断凸显。从总体看，标志着中国广告事业随着国民消费结构的不断调整而逐渐步入了一个全面发展的时代。

拓展阅读

值得纪念的中国广告国际化初步尝试

1. 广告作为中国改革开放的信号，引发国际社会的广泛关注

改革开放后第一条广播广告——春蕾药性发乳

1979 年 3 月 5 日，上海人民广播电台播出了上海家用化学用品厂的"春

---

① 谢丽娜. 中国广告产业国际竞争力研究 [D]. 开封：河南大学, 2010.

蕾药性发乳"广告。播出后，原来滞销的"春蕾药性发乳"一下子火了起来，各大百货公司和经销商纷纷要求进货，厂家不得不组织工人加班加点生产。这条广告还引起了国外通讯社的注意，日本的共同社和法国的路透社以"上海改革开放了，上海电台播出广告了，中国改革开放前途远大"为主题发布消息，产生了一定的国际影响。中央人民广播电台、北京人民广播电台纷纷效仿。

改革开放后第一条电视广告——参桂养荣酒

如果说对报社和广播电台来说，恢复广告这件事情的出现还算顺理成章的话，那么对于电视台来说，广告则是破天荒的创新了。因为电视台自诞生起就从来没有播出过一条广告。

上海电视台成为第一个"吃螃蟹"的机构。一开始，上海电视台联合文汇报等请示恢复广告，报纸的请示得到了积极的批复，然而电视台因为以前没做过广告经营，所以第一次并没有被通过。后来，上海电视台领导找到《资本论》中的话当证明，又四处游说，终于获得了认可。

1979年1月28日，上海电视台打出了"上海电视台即日起受理广告业务"的字幕，随即片长1分30秒的参桂养荣酒的广告出现在上海家庭100多万台电视机上，成为中国电视广告史上的第一条商业广告。虽然当时一次的播出费不到300元，但从此揭开了中国电视广告的序幕。广告播了4天，产品销售一空。代理参桂养容酒广告的是上海市美术公司（即上海市广告装潢公司）。

在这条广告播出的三天前，上海电视台邹凡扬向中共上海市广播事业局委员会和中共上海市委宣传部递交了他起草的"关于试办广告业务的报告"。随着邹凡扬主持、汪志诚起草的《上海电视台广告业务试行办法》和《国内外广告收费试行标准》问世，中国内地第一个广告刊例价出现：国内广告播出费是每30秒100元，每60秒160元；制作费是彩色幻灯片每张10元至20元，彩色影片每分钟（40英尺）500元；来自国外和港澳地区的播出费是每30秒1 700元，每60秒2 000元；每分钟制片费5 000元。

这一天，是正月初一，也恰好是邓小平出访美国的日子，全世界都在感知着中国的变化。一石激起千层浪。美联社、路透社等20多个国家和地区的媒体纷纷发了消息，其中一家美国报纸写道："上海电视播放广告是中国开放的信号。"

改革开放后党报的第一条商业广告

1979年4月17日，《人民日报》刊登了大半个版的地质仪器广告，拉开了党报刊登商业广告的大幕。

资料来源：根据中国广告40年项目组《1979—1984，媒体广告经营艰难恢复》《细数中国广告的若干"第一"》《1979，上海广告归来》《记忆中那些感动上海的广告 | 上海广告简史》等资料汇编。

2. 外商来华广告瞄准巨大的中国消费市场

改革开放后第一条外商来华广告

1979年3月15日，上海《文汇报》刊登了第一条外商广告——瑞士雷达表。新中国成立后，内地报纸从没有登过外商企业的产品广告，《文汇报》成了第一份"吃螃蟹"的报纸。广告登出以后，在社会上引起了很大反响，其中也包括批评其崇洋媚外的声音。

3月15日下午6点，雷达表电视广告通过上海广告公司代理，在上海电视台播出，由于时间和操作上的原因，这条电视广告甚至是用英文解说的，只是配上了中文字幕。同一天的报纸广告也是用手绘的插画。广告播出后一周内，有700多人到钟表店询问有没有雷达表的样品。直到4年之后，雷达表才真正进入中国市场。上海电视台原广告负责人汪志诚说："雷达表的广告播出后，批评意见很多，最严厉的是批评我们'出卖主权'，最后导致上海电视台负责人邹凡扬和我本人被调离电视台。虽然为此付出了代价，但我认为不冤。"

改革开放后中央电视台第一条外商广告

1979年9月30日，中央电视台播出了第一条有偿广告——美国威斯汀豪斯电器广告。1979年10月27日，中央电视台发出了《关于中央台试办广告节目的请示报告》，先在中央二套（对北京地区）播出，内容为对"四化"建设有影响的新技术、新科研成果和主要日用品。在这种情况下，中央电视台决定开辟商品信息栏目，集中播放国内外广告。

资料来源：根据中国广告40年项目组《1979—1984，媒体广告经营艰难恢复》《细数中国广告的若干"第一"》《1979，上海广告归来》《记忆中那些感动上海的广告 | 上海广告简史》等资料汇编。

（二）广告公司的构成及类型日益丰富

广告公司是广告策划、创意和发布的主要承担者，同时也是推动改革开放以来中国广告事业繁荣发展的支柱企业。改革开放以来，由于国家政策允许外资和民营企业从事广告经营活动，我国广告公司的所有制形式发生了新的变化，原来单一的国营和集体所有制结构逐渐发展成为多种所有制并存的结构。1986年6月，日本电通、美国电扬与中国国际广告公司在京成立的合资广告公司——电扬广告公司经对外经济贸易部批准，在国家工商局拿到营业执照。电扬股东各方比例分别为：电通—扬罗比凯公司70%，纽约中国贸易中心20%，中国国际广告公司10%。电扬广告公司成为我国首家跨国公司与中方一起创办的合资广告公司。到1998年，我国的广告公司已经形成了以国有企事业单位和个体私营企业为主，兼有集体企事业单位、股份制企业和外商投资企业等经济成分并存的状态。各种经济成分的广告公司活跃在中国的广告市场上，持续推动着中国广告事业向前发展。

中国的广告事业恢复之初，市场上的专业广告公司少之又少。1979年以前，全国经营广告业务的美术设计公司或广告装潢公司不到10家。1983年，全国已有181家广告专业公司。2000年，这个数字上升到了40 497家。其中，广告公司的业务范围分别涉及设计、制作、发布、代理国内外各类广告，媒介及活动代理等。

随着市场改革的进一步深化，广告行业内的分化日益加剧，专业化公司的分工精细化，不同类型的公司之间加速整合。1986年，国际4A广告公司开始大举进入中国市场，以AC尼尔森公司为主的市场调查类公司和以传立媒介公司为代表的媒介购买公司，以及从事线下广告活动的广告公司开始在中国市场上施展特长，抢夺重要的客户资源。它们以独特的经营理念和运作模式影响并推动了中国广告事业的发展。同时，中国本土广告公司也毫不示弱，如雨后春笋般成立、成长和壮大。

拓展阅读

国际4A广告公司掀起本土与国际竞争的浪潮

1980年，日本电通公司在北京成立了第一个事务所，成为跨国广告集团进入中国的标志。

1986年，日本电通、美国电扬与中国国际广告公司合资成立了中国第一家合资广告公司——电扬广告公司。

1991年，奥美与上海广告公司合资成立上海奥美广告有限公司，第一任总经理为董洽。

此后，外资广告公司开始大举进入中国市场。1998年，全球主要广告集团和广告公司都已在中国落户。

资料来源：根据中国广告40年项目组《1979—1984，媒体广告经营艰难恢复》《细数中国广告的若干"第一"》《中国广告年鉴》《中国广告猛进史》《中国广告三十年大事典》等资料汇编。

中国广告公司也在服务于国家经济发展的宏观指导下开始开展国际贸易服务。例如，1985年成立的中国国际广告公司，不仅服务于进入中国市场的跨国企业，同时与国家外贸相关部门合作，也为在国外开拓市场的中国商品设计制作广告，与国际市场开展贸易合作。

（三）广告媒介多元经营优化市场化运作

媒介是广告得以发布的重要介质和载体。在广告发展史上，阿尔伯特·拉斯克尔（Albert Lasker）将广告定义为"由因果关系驱使的印刷形式的推销术"[①]。可见，广告早期的表现形态是单一的，并且是以印刷品为主要表现形式的。随着现代技术的发展，世界各国广告的表现形态和媒介运用发生了巨大的转变，报纸、杂志、电视、广播被称作是广告信息传播的四大传统媒体。这一特点在中国广告事业发展历程中也不例外，1990年到2005年，四大传统媒体的广告份额之和始终占年度广告经营额的50%左右。

在我国广告事业恢复发展的初期，媒体的广告经营职能是由媒介广告部门承担的。但是，由于供求的鲜明对比，媒介广告部门掌握了最为重要的资源——"黄金时间"，往往能够轻易获得良好的收益，广告主之间则为了争夺最宝贵的媒体资源而展开了激烈竞争。随着市场经济的发展，媒介广告部门的经营意识受到了冲击，媒介广告部门之间的竞争形势也更加激烈，促使它们提高了对广告客户的重视程度和服务意识。广告部门在售出广告播出时间的同时也开始从客户的角度出发，根据不同栏目的收视率和影响力推出相应

---

① 蔡玉秋，韦恒. 广告学［M］. 北京：中国农业大学出版社，2011.

的媒介产品。

谈到媒介广告经营，中央电视台广告部无疑是中国最具实力的全国性广告媒体经营单位，央视广告部的招标活动始于1994年11月2日，招标的时段是中央电视台20块5秒广告段位，最终孔府宴酒以最高价3 099万元中标，成为第一届"标王"。竞标过程中以电脑电器类和酒类产品的竞争最为激烈，显示出黄金时间广告段位的稀缺与珍贵。央视的招标，从中标企业看，1995年到1998年多集中在广东、山东、江苏、浙江等沿海发达地区；从1999年开始，黑龙江、重庆、内蒙古等内陆省份的企业开始积极参与其中；近几年又有大批的外资企业投入其中。仅从招标企业的变化可以感受到中国经济发展日新月异的速度，从沿海地区向内陆延伸的发展趋势，以及国有企业和外资企业的快速发展。

（四）广告国际交流的初步展开

中国国家广告国外经济关系和贸易协会在美国报纸上刊登了一则广告："请您设想一下，一个拥有比欧美消费者的总和还要多的销售市场，在那里1984年进口额能够增长38%；在那里有1亿观众在观看晚间的电视节目，拥有104家电视台；在那里有拥有2亿读者的1 300份报纸，3 000份期刊和167家电台。这个市场希望和您有贸易往来，这个市场就是中国。"[①] 将中国作为一个刚刚开放的庞大的消费市场，向西方国家进行宣传和展示。

1987年6月，第三世界广告大会在北京人民大会堂举行，来自52个国家的869名代表、528名中国代表共同讨论，作为第三世界国家如何在世界经济浪潮中保障本国经济发展的权益，以及广告在这些方面的意义和作用。西方广告和营销行业的代表也参加了此次大会，为第三世界国家的广告营销行业带来了西方经验。这是第一次在中国召开的国际广告会议，也是中国政府对广告从未有过的表态。大会联合主席高哈先生说："在人民大会堂举行这样的大会，有其特殊的意义，它表明了中国实行对外开放政策的持续性及通过贸易与合资实现现代化的决心。"[②]

作为改革开放经济实践和对外宣传的重要组成部分，广告的价值和意义

---

① 杨乃均，杨春宇. 俄语经贸文章选读［M］. 北京：对外经济贸易大学出版社，1998：312-326.
② 解放日报.1979，上海广告归来［EB/OL］.（2013-12-24）［2020-06-08］. http://www.people.com.cn/24hour/n/2013/1224/c25408-23926003.html.

不断得到认可和深化。通过国际交流和国际活动，加强中国与外部的经济联系、信息沟通和相互交往，对于指导思想转变，吸取世界广告产业的模式和经验，促进中国广告业发展，促进对外贸易事业的发展，以及促进思想文化的相互认同均起到了十分重要的作用。

二、改革开放进程中的广告产业"引进来"之路

（一）中国经济与中国广告携手深化开放发展

20世纪90年代以来，中国经济发展取得了辉煌的成就，广告随着改革开放的深入，步子迈得越来越快、越来越大。一方面，从经济发展的角度，市场经济的建立使企业成为市场经济的主体，企业不再按计划经济模式运行。随着企业的自主发展，广告也逐渐成为企业开拓市场的自觉行为，良好的经济环境为广告业的发展准备了充分的条件。作为第三产业的重要组成部分，广告业的高速发展成为经济发展的重要推动力，为市场经济的进步做出越来越大的贡献。在中国各领域产品生产和品牌建设不断提速的前提下，广告为这些产品和品牌的对外传播展开了一系列富有成效的工作，为后续"中国制造"和"中国创造"的国际影响力和国际声誉的打造奠定了基础，在经济建设中发挥着越来越重要的作用。另一方面，从文化宣传的角度，广告作为对外宣传的工具，通过自身的发展成为外向型经济的先导、窗口和标志，展示着中国加快外向型经济建设、促进内外经济发展的重要形象。通过广告自身在资本结构和组织形式的多样化，展示了中国改革开放以来，在对外经济建设方针、政策、投资和营商环境等方面切实开展的工作，有利于吸引国外资本和国外经济组织加入中国经济发展的大格局中。

随着改革开放进程的深入和经济的持续增长，人民收入不断增加，商品更加丰富多彩，产品更新换代加快，流通需求更旺；同时，市场竞争不断加剧，广告投入年年增加，市场对广告的质量要求越来越高。市场经济为广告业的大发展提供了契机，1992—1993年，中国广告营业额年增幅超过90%。20世纪90年代初期被称为广告业最早的"黄金年代"。20年来，中国对外贸易（国际贸易）迅速发展，到1995年，我国对外贸易总额已达23 498.7亿元人民币，折合2 808.5亿美元。而我国进出口贸易额占世界贸易总额的比重，已由1978年的0.8%上升到1995年的2.8%，居世界主要贸易国家和地

区的第 11 位。中国的对外贸易依存度已从 1976 年的 10.9% 提高到 1995 年的 40.8%[①]。

1996 年,全世界营销服务支出近 9 000 亿美元,其中,广告 3 831 亿美元,市场调研 101 亿美元,公关及事件宣传 255 亿美元,专家沟通 4 782 亿美元。中国广告营业额的增速同样引人注目,每年都以两位数的百分比递增,1994 年的广告营业额已突破人民币 200 亿元,1995 年达到 273 亿元,1996 年猛增至 366 亿元。1996 年广告公司的广告营业额为 156.8 亿元,专业广告公司为 25 700 家,广告公司的从业人员为 29 万人,相比 1995 年的广告公司营业额 107 亿元,一年增幅达 46%。这显示广告主对广告这个优化市场竞争的工具有了更充分的认识,证明广告主的广告需求是广告活动的基础和原动力,广告主的观念、意识和经营管理风格,很大程度上影响和制约着广告业的发展。尽管增幅显著,但这些增额大多来自进口或合资产品的广告,其广告代理也主要是跨国广告公司。随着改革开放进程的深入,国内广告主的广告观念和意识也在逐步提升,慢慢理解了广告是什么。比如,在媒介方面,要求广告公司提供科学的媒介数据,以此作为媒介购买、发布的依据。在某种程度上,可以说国内广告主素质和专业能力的提升,为国外广告公司入驻和优势资源的引进奠定了良好的基础,有利于广告产业"引进来"后的进一步发展。

(二)国际广告公司以合资方式快速进入

面对中国广告市场的巨大发展空间,借助政策引导的东风,国际广告巨头特别是以日本和美国为主的广告资本加大了在华投资的力度,充分深入中国广告市场领域,资本运作也刺激着跨国广告公司加快在中国各地的布局,并逐步使中国广告市场控制权集中到少数巨头手中。1992 年上半年,跨国广告公司从之前的 28 家增至 55 家。1992 年至 1993 年,以奥美、麦肯、BBDO、精信为代表的国际广告公司,围绕北京、上海、广州三座中心城市进行重点布局。1994 年底,进入中国的外商(合资、合作)广告公司已达 300 家,按广告营业额排名前 50 的广告公司中,外商合资广告公司占据 22 家,且排名第一的盛世(3.88 亿元)和排名第二的精信(2.30 亿元)均为外商合资广告公司。1998 年,全球前十大广告公司全部在中国设立了合资公司,包括盛世长城国际广告有限公司,麦肯·光明广告有限公司,智威汤逊-中乔广告有限

[①] 谢利娜. 中国广告产业国际竞争力研究 [D]. 开封:河南大学,2010.

公司，上海奥美广告有限公司，上海灵狮广告公司，北京电通广告有限公司，美格广告有限公司等（如表3-1所示）。2000年，中国广告公司4.05万户，广告公司营业额317.73亿元，每户年均营业额78万元。其中，外商投资企业有380户，广告营业额达45.3亿元，占中国广告公司总营业额的14%，每户年均营业额1 193万元。尽管中国广告业市场规模在迅速扩大，但由于起步较晚，在面对国际竞争时仍处于较低水平，其中本土公司多而散，经营效率比较低下，外商投资广告公司则表现了较强的实力和较高的运作水平。20世纪90年代，外商投资广告在中国广告市场中的排名始终处于前列，占据了中国广告市场的巨大份额。

表3-1 全球前十大广告公司在中国设立的合资公司

合资公司名称	主体	成立年份
中国电扬广告公司	Young & Rubicam、日本电通广告公司，中国国际广告公司	1986
麦肯·光明广告有限公司	McCann-Erickson World Group，光明日报社	1991
天联广告有限公司	BBDO，中国广告联合总公司	1991
盛世长城国际广告有限公司	SAATCHI & SAATCHI，中国航天工业部中国长城工业总公司	1992
上海李奥贝纳广告有限公司	Leo Burnett，韬奋广告公司	1994
北京电通广告有限公司	日本电通集团，中国国际广告公司及民营企业大诚广告	1994
上海奥美广告有限公司	Ogilvy & Mather，上海广告公司	1991
智威汤逊-中乔广告有限公司	J. WalterThompson，北京中乔	1990
上海灵狮广告公司	Lintas，光明日报社	1996
美格广告有限公司	美格集团公司，天津进口设备公司（中国银行下属公司）	1993

随着国际广告公司的进入，对于广告人才的需求也迅速增加。

国际广告公司相继在中国设立分公司，积极协助其广告客户推行有效的广告策略，争取尽可能多的中国市场份额。国际广告公司助力国外产品和品牌在中国市场掀起了一场消费迭代的浪潮，日本的家用电器、美国的快餐饮食、瑞士的时钟手表、德国汽车……纷纷涌进新时代的中国家庭。显然，国际广告公司的主要客户是跨国企业，以智威汤逊-中乔广告有限公司为例，其所代理的国际客户包括联合利华、钻石贸易公司（前身为戴比尔斯）、汇丰银行、耐克、福特、百安居、尤尼佳、雀巢。国际广告公司和它的国际客户往往合作多年，策划国际品牌广告的技巧颇为娴熟，并且以其规范化的运作流程和先进的营销理念赢得了客户的信任。值得一提的是，外商投资的广告公司，多数都是跨国4A公司，伴随着国际客户在中国市场的发展，不仅在台港澳市场，而且在大陆市场取得了明显的进展和丰硕的成果。

在开发中国市场潜力的过程中，针对中国市场的特殊属性、文化传统和消费习惯，发达国家广告公司、广告从业者和广告研究者，都在对中国进行深入研究的基础上，为本国广告公司更快、更顺利地进入中国市场，提出了更具中国特色的运营模式和创作观念。发表过杰克·特劳特和艾尔·里斯"定位时代来临"系列文章，在美国广告业被誉为"圣经"的美国权威杂志《广告时代》杂志上，曾专门对中国广告市场状况进行了介绍和论述，"反映了在中国新工业发展的问题。从这些资料中美国商人能够汲取最新的关于商品销售的信息，了解了怎样组建广告公司，要考虑到中国的传统和特殊，而且还要考虑到中国是一个社会主义国家""介绍了美中广告机构的工作状况，介绍了美国公司广告宣传和销售的观念，中国消费者的习俗，以及他们对国外商品广告的态度"[1]。跨国广告公司根据当时中国市场对创意设计和制作的传播习惯，以及中国消费者的审美习惯，参考中国广告公司创作的一些广告示例，也在创意设计和广告制作方面做了相应的调整，"美国的广告设计大师们建议自己的同行到档案里去找寻40—50年代的广告示例""大师们并不建议同行们采纳心理攻势，虽然这种方法可以吸引西方的消费者。在中国，不应该过分故弄玄虚，应该着重于有效实用和朴实无华。如果要出售自行车，那么这种商品的广告就应该看上去像一幅美丽的画，在背景上应该突出广告的内容。另外，还应该加上车牌的名称和一些文字。文字的内容就是要向消费者保证购买这种品牌的自行车可以为其带来快乐和幸福"[2]。

国际广告公司虽然是以国际客户为主要合作伙伴而进入中国市场的，但

---

[1] 杨乃均，杨春宇. 俄语经贸文章选读 [M]. 北京：对外经济贸易大学出版社，1998：312-326.
[2] 杨乃均，杨春宇. 俄语经贸文章选读 [M]. 北京：对外经济贸易大学出版社，1998：312-326.

随着时间的推移，本土的客户也已经成为他们的重要合作伙伴。从1996年开始，跨国4A广告公司除服务于跨国企业客户外，纷纷争取国内企业大品牌客户，开发国内市场。这给本土广告公司带来较大的冲击。在智威汤逊北京公司，本土的企业客户已经占到了其业务额的三成，有伊利奶粉、酸奶饮料、豪门啤酒等。在李奥贝纳广告公司，本土客户也占到了近三成，包括运动品牌李宁、中国移动、上海世博会、蒙牛、广州深圳发展银行等大企业。由此可见，国际广告公司一方面给中国广告业的运作模式和经营理念带来了冲击；另一方面也凭借优秀的创意能力吸引了很多中国本土客户，推动了中国广告事业的进一步发展。

（三）站在"引进来"前沿的香港广告业

香港是亚洲著名的贸易、金融、制造和旅游业中心，拥有高度繁荣的商业、开放的营商环境以及中西文化充分融合共生的基础。自1927年首家广告公司汤臣广告成立，到20世纪70年代以奥美、李奥贝纳、麦肯等为代表的跨国广告公司在香港成立办事处或分公司，香港广告业倚赖飞速发展的香港经济和跨国广告公司的加入快速发展起来，在广告经营管理和广告策划创意制作等方面与国际发展处于同一水平。更重要的是，在改革开放之前和之初，相关广告业不仅扮演着内地广告了解国际广告产业重要的窗口，也作为中国国际广告产业的先锋率先成为国际广告产业中的一员，并发挥着重要的桥梁作用，为国外广告公司进入内地市场、熟悉和适应中国本土化提供了重要的机会和依据。内地通过早期在香港开办的中国广告公司、新华广告公司等广告公司，与世界经济有了相对直接的接触，为跨国广告"引进"中国内地创造了难能可贵的适应期和预备期。

1980年前后，借助祖国改革开放的空前机遇，香港实现了第三次经济转型，真正成为以服务业为主的自由港。作为国际商港，置身于五光十色的商品世界中，20世纪80—90年代香港的广告业繁荣发达，广告业在香港已经与当地"亚洲贸易中心"的地位相匹配，形成独立投资产业，成为当地经济社会的重要组成部分。据统计，1981年，香港广告营业额为9.7亿港元，约占GDP总额的0.6%；1983年，香港全年的广告费支出超过14亿港元。若按全港530万人口计算，平均每个居民人均广告费达264港元[①]；1988年，香港地

---

① 张南舟. 从香港的广告业谈起［J］. 福建论坛（经济社会版），1984（12）：53-54.

区的广告营业额已占 GDP 总额的 0.82%，名列世界第 13 位。90 年代以来，香港广告营业额继续保持高速增长。1990 年，广告营业额为 67.2 亿港元，约占 GDP 总额的 1.2%；1993 年约为 114.81 亿港元，约占 GDP 总额的 1.28%；1994 年为 141.78 亿港元，约占 GDP 总额的 1.391%；1997 年，香港广告营业额为 200 亿港元。香港是人均承担广告费用仅次于美国和日本，排名世界第三的地区。

  20 世纪 80 年代初，香港广告业已经走上了专业化道路。截至 1984 年，香港共有广告公司 602 家，广告从业人员 4 639 人[①]，彼时的香港是亚洲地区广告公司最多的地方。且在内地广告业刚刚再次复苏阶段，香港已经仿照国际广告运行模式。1957 年，香港广告商会成立，是香港地区最早成立的行业自律组织；之后随着行业的发展以及国际 4A 广告公司的不断入驻，香港地区又在此基础上成立了 4A 广告协会，至 1984 年协会已经拥有会员企业 22 家。22 家企业的广告营业收入占全香港广告总营业收入的近八成。除了广告代理公司的联合组织之外，还有专门服务于客户权益的联合组织——广告客户协会，该协会的会员多为国外企业，如飞利浦、星辰表等。在媒体方面，除了传统的报纸、杂志、广播、电视四大媒体之外，香港的户外广告媒介十分发达。霓虹灯、广告牌、各色招牌以及墙幕等遍布香港的大街小巷，与此同时，由于香港是重要的国际港，其邮寄广告和交通广告也有肥沃的发展土壤。

  20 世纪 80—90 年代的香港广告公司主要可以分为四类：一是国际大广告公司在香港设立的分公司或联营公司，如电通、奥美等；二是非"4A"的广告制作和广告媒介代理公司，一般由华人开办且资本实力较强，如远东、华联等；三是内地在香港地区开办的广告公司，如中国广告公司、新华广告公司等；四是香港本土的小型广告公司，一般只承接专门业务，因为专业化程度不高、影响力较小，所以很难为客户提供全面的代理服务。不同规模的广告公司为香港商品市场提供多样化服务，同时也促进广告行业良性竞争，推动香港广告业不断向好发展。20 世纪 90 年代末期，香港地区广告市场趋于饱和，早期入驻香港的广告公司开始向内地市场开疆扩土，以香港为平台向内地渗透。奥美、电通等著名国际 4A 广告公司以中外合资的方式进入北京、上海、广州等城市，由此，两地广告人的流动和广告行业的发展融合不断加快，

[①] 张南舟. 从香港的广告业谈起 [J]. 福建论坛（经济社会版），1984（12）：53-54.

内地的广告业也进入飞速发展期。

（四）媒介开放程度持续深化

在媒介方面，由于特定的历史原因，改革开放发展了以媒介刊播广告为主导的中国广告业，广告公司则是作为媒介和广告主的中间人逐渐发展起来的，形成了业界通常说的"强媒介、弱公司"格局。

20世纪90年代中期以后，媒介开始由完全的垄断卖方市场转向总量供大于求的买方市场，由媒介占据绝对的主导地位转向广告公司开展竞争。20世纪末，广告公司占据了广告市场的主导地位。媒介市场的相对放开为我国广告业的发展提供了契机，在中央电视台率先降低国际广告费用之后，北京电视台等也随即调整了收费标准。智威汤逊广告公司中国分公司媒介总监斯图尔特·李认为，这一变化"将使更多的合资企业和外国企业购买电视台的黄金时段"①。因为相比中国广告企业，这些合资企业和外资企业具有显著的资本支持优势，中国在逐步取消对外资公司的政策优惠时，以降低媒介购买成本的方式促进了国外广告优势资源的"引进来"。

因此，与媒体建立合作关系，也是当时跨国广告公司寻求合资对象的最重要的现实诉求，比如，麦肯公司与光明日报社于1992年合资成立麦肯光明公司，旭通与人民日报社合作在1994年成立华闻旭通有限公司，李奥贝纳与来自出版界的韬奋基金会下属的韬奋广告公司于1993年在上海成立分公司。

（五）国际竞争的相对弱势

1996年6月24日，中国广告界首次以170人的庞大阵容，携69件作品参加了第43届法国戛纳国际广告节。与改革开放后不少行业和领域一样，中国广告界也希望在国际间的比较或竞争中实现"零的突破"。这是中国广告人改革开放十几年来在摸索中发展的一次真枪实弹的鉴定。

然而，"放映场里来自世界各地的广告人观看各国同行送来的作品。展示外国的片子时全场十分活跃：那些令人击节的好作品赢来了一阵阵由衷的掌声，而那些平庸的广告得到的则是满场的嘘声。中国的电视广告播放完了全场竟出现了少有的沉寂：没有掌声也没有嘘声"②。6天之后结果公布，"英

---

① 林衢. 中国广告：背水一战［J］. 神州学人，1997（6）.
② 林衢. 中国广告：背水一战［J］. 神州学人，1997（6）.

国获奖60件,其中金狮子奖11件;美国获奖31件,金狮子奖11件;日本获得金狮子奖6件。中国广告没有像电影出现在戛纳城时刮起一阵旋风,选送的69件作品中影视广告一件也没入围,平面广告中仅有一件由麦肯中国广告公司制作的作品得了铜奖,而就是这么一件获奖作品也不是本土人创作的,创意和设计总监都是境外人员,其作者同时担任本次广告节的评委"①。

对于中国广告公司的工作,美国《广告时代》杂志如此评价:"中国广告公司的全体成员没有经验,对广告不进行专门的筹备制作。"② 但从积极的一面看,这次参展让中国广告界意识到中国广告产业在国际市场中所处的位置,促进中国广告界加快了从广告专业理论、运作模式、人才培养层面向国外广告业学习的步伐。在学习借鉴的基础上,中国广告界也开始反思中国广告与世界广告在市场环境、文化背景和消费习惯等方面的差异,挖掘中国广告本土化的特点和发展路径,为后续中国广告探索出具有独创性的广告发展道路打下了基础。

三、国际竞争的激烈化与中国广告产业的国际化发展应对

(一) 伴随经济全面开放的广告业

广告活动本身就是经济生活中的一部分,所以广告跟着经济走,广告业是在经济发展大潮中发展的,经济形势是广告业发展的大环境。关税和贸易总协定(GATT)乌拉圭回合正式将服务贸易列为谈判内容。经过几年的磋商,达成了《服务贸易总协定》第三部分"具体承诺"项下第十六条"市场准入"原则。我国已于1991年7月提交了服务贸易开价单,该开价单提出了6个首先对外开放的市场,广告业就是其中之一③。这意味着尚处于成长期的中国广告业将向国际市场开放。2001年12月11日,中国正式加入世界贸易组织,中国改革开放20多年发展的巨大变化重新面临新的挑战,国内外竞争环境的变化也给中国广告业带来难得的机遇与严峻的挑战。

回望前20年的发展,中国经济获得的成就得益于中国自身实行的改革开放国策,使中国告别封闭,打开国门,走向世界。而中国的改革开放对于世

---

① 林衢. 中国广告:背水一战 [J]. 神州学人,1997 (6).
② 杨乃均,杨春宇. 俄语经贸文章选读 [M]. 北京:对外经济贸易大学出版社,1998:312-326.
③ 马逸,汪涛. "复关"对我国广告业的影响 [J]. 中国广告,1994 (1):13-14.

界产业结构来说，也是重要的变革因素，引发了世界范围的产业结构调整，大批的外商投资企业，尤其是跨国公司将其资金、技术、设备转移到中国，推动了中国经济的快速发展，也使得中国经济成为世界经济不可或缺的重要部分。

加入世界贸易组织是中国进入世界经济格局的重要一步，是中国改革开放向广度和深度拓展的重要战略，中国从此更快、更好地融入国际经济社会。经济的增长、来华投资贸易的增加、出口贸易的增加和市场竞争的加剧进一步增加了广告需求量，从根本上扩大了全球广告市场，也在国内掀起了广告竞争的狂潮。

（二）全面开放的冲击与严峻形势

加入 WTO 后，我国对外开放进入了一个新阶段，对中国广告行业国际化产生了直接和间接的影响。直接影响方面，中国加入 WTO 后会面临与广告行业直接关联的一些新规则，比如，加入 WTO 与服务贸易自由化。1991 年 7 月，我国已对来华广告业作出了先一步开放广告行业的初步承诺。一些国外机构在一定的限制下开始在中国开展业务，主要是以低于 49% 的股份与中方合资经营广告业务。根据《服务贸易总协定》市场准入部分的规定，不应限制服务提供者的数量、不应对服务的地域实行限制，不应采取数量配额方式要求限制广告服务的提供等。因此，在加入 WTO 后，中国会按照国际通行的原则，进一步加快开放国内服务市场。间接影响方面，改革开放 20 多年来，中国广告业高速增长，生机盎然且具有较大的市场潜力，让国外广告业垂涎不已，而中国加入 WTO 后使国外广告机构在华取得国民待遇，中国的广告市场也更加开放。发达国家的广告公司凭借其拥有的一流人才队伍、雄厚的资本、科学的经营体制、先进的技术设备、丰富的策划运作经验形成了短期内难以改变的比较优势。在实现国际贸易自由化的过程中，发达国家的优势无疑会对我国广告业形成强烈的冲击。

2001 年以来，随着中国市场的不断开放，中国广告市场的巨大潜力吸引了国际广告巨头的注意力，全球五大国际广告集团开始先后涉足、渗透到中国广告市场。此后越来越多的跨国广告公司进入中国广告市场，一方面，有利于中国广告市场吸引国外资源，激发国内市场的发展活力；另一方面，跨国公司的成功进驻也为中国广告产业打入全球市场提供了经验和机会。

随着市场的全面开放，国外广告公司带来了新的技术和方法，以及新的观念和意识。跨国公司虽然存在环节多、反应慢、不熟悉国情等问题，但其所拥有的高水平的运作、强大的国际网络、雄厚的资金、成熟的媒介、充裕的人才和知识储备，是本土公司一时难以相提并论的。加入WTO后跨国公司的优势将进一步体现。它们的品牌和实践经验对国内企业，尤其是急于向国际化方向迈进的企业有着很大的吸引力。而跨国4A广告公司也不断提升自身中国本土化的发展水平，在新的思维、新的理念以及新的技术和方法的基础上，结合中国国情充分融合中国文化、中国元素，在本土广告市场竞争中树立优势，造成了大量小规模、专业技术较低的本土广告公司生存困难甚至退出市场的状况。2004年，中国广告经营额突破1 200亿元，不到20家的外资广告公司合计占有其中1/5以上的份额，剩下不到1 000亿元则留给超过6万家的本土广告公司[1]。尽管十分残酷，但不得不承认，这是产业结构优化升级必经的阵痛，为后续中国本土广告专业化、规模化经营，不仅在本土广告市场增强了实力，也为实现在海外市场的拓展奠定了基础。

（三）冲击下的适应与调整

有学者提出，加入WTO，对国内体制改革是具有突出成效的，体现在4个方面：一是市场规则的全国一致化。在加入WTO之前全国各地区的开放政策不一，加入WTO后政策开始全国一致化。二是经贸政策的透明化。加入WTO之前政府管理企业靠发红头文件，加入WTO后终结了内部红头文件治理经济的时代。三是政府干预经济的规范化，标志性事件是《行政许可法》等法律文件的出台。四是企业进入所有制歧视的缩小化。其发端是中国承诺加入WTO三年以后，所有企业进入外贸行业由审批制改为注册制，这种准入门槛后来推广至很多行业。由此可见，所有这些行业的改革都源起于贸易的开放，并随着贸易开放度的扩大而扩大，贸易的确发挥了某种倒逼改革的效应。这种效应最明显的证据是，国有企业在各行业比重的扩大是和贸易出口领域企业所有制结构变化相一致的[2]。服务贸易从更多领域、更广范围加强了国际间的经济联系，使中国广告行业在面临挑战的同时也迎来了机遇。

2000年，吴予敏对中国广告产业即将面对的开放性竞争环境和变革态势

---

① 李敏.跨国广告公司中国市场进入期竞争策略研究：基于产业链的分析[J].淮阴师范学院学报（哲学社会科学版），2013，35（2）：271-277.

② 赵伟.中国对外贸易40年：政策回顾与展望[J].世界经济研究，2019（2）：29-36.

做了详细分析：第一，由于中国经济的发展越来越进入全球化市场格局，因此，本国广告在行政约束和保护条件下造成的持续高速发展的态势，正在逐渐转变为多国竞争的态势；第二，这一竞争关联到全球经济形态变革和产业结构调整的更大背景；第三，在中国加入WTO之后，广告所属的第三产业部门势必受到国际资本和成熟的知识经济力量的挤迫和冲击，本土广告公司不仅将失去对本国广告市场的主导地位，还面临着失去主要的本国客源的危险；第四，随着经济体制改革的深化，在广告业的运作机制中，传统的行政主导和关系主导正在转变为市场主导和知识、技术主导，广告业依靠关系资源经营的局面将要结束；第五，从广告的竞争环境而言，长期形成的由媒介支配广告业的偏倚状态，也正在转变为媒介、企业客户、广告公司和消费社会互相制衡的良性竞争环境，广告公司和广告客户对媒介垄断的抗衡已经表现为新的形式；第六，由于市场通缩程度加剧，已经明显地从卖方市场转向买方市场，消费行为从注重产品的效能—价格比值的消费模式，转向了注重产品的质素—品牌形象比值的消费模式，市场分层变得复杂；第七，广告业从追求规模效应、多元化经营效益、强调资金和物质资源投入，转向了追求精细作业、专门服务，强调信息、人才和知识资源的开发；第八，与中国广告业生存发展关系最直接的莫过于媒介产业化趋势，这势必造成更加激烈的媒介竞争和分化，广告或许就此走出对媒介的依附性经营的阴影；第九，中国将从国际广告竞争的前沿转变为主战场，跨国广告公司将在中国市场上展开战略进攻[1]。

上述论述基本印证了加入WTO之后，中国广告产业转型发展的重要变化。吴予敏总结道："现在讨论中国广告的发展问题，实际上已经是一个国际化背景下的市场竞争和深化改革的问题。"基于对亚太国家和地区广告业全球化的经验，总结了经济全球化造成了一国（或地区）广告发展的规律性：①跨国广告公司介入本国市场是经济全球化趋势的必然现象，开放广告市场无可逆转；②开放广告市场使本国广告业面临生死存亡的挑战，唯一有效的因应之道是加速推动广告业的改革；③这一改革比片面地追求暂时性的市场规模增长更加紧迫，涉及本国广告业的长远利益；④广告业的改革必须是整

---

[1] 吴予敏. 广告发展两面观：国际化与本土化：兼论中国广告在全球经济时代的发展症结[J]. 国际新闻界，2000（1）：71-76.

体的、全方位的、配套的，从产权—经营体制、运作理念、管理机制到法规体系、媒介环境、行业规范、公共关系综合协调；⑤现代化、国际化、科学化是广告业改革的根本标准，民族化、本土化是从属的参照系统；⑥广告业自由竞争必须通过政府和行业组织负责任的监控形成良性成长的动力①。

加入WTO使跨国公司在中国的本土化进程进一步加快。中国本土公司在国际竞争越加激烈的广告市场上开始加快广告公司专业化发展的步伐，力争在自己的生存空间形成一定的特色，以联营、联合或其他方式实行集约化经营，形成规模，以更强的整体实力争取市场，在激烈竞争的压力下快速学习跨国公司本土化的成功经验。与此同时，由于本土化要适应本土客户的需要，以及削减广告预算而导致的降低广告运作成本压力，跨国4A公司会越来越多地聘用本地的人才，带来本地广告从业人员更多的学习和锻炼机会，有助于本地人员提高专业水平。由于行业的人员流动，新的思维、理念、技术和方法都将更快地影响到整个行业的运作。这些都为中国本土广告"走出去"奠定了一定基础。

广告媒介方面。加入WTO加速中国的深层次体制改革，不只是经济体制改革，还必然涉及政治体制的问题。随着改革开放的深化和加快，市场化运作以及媒介的产业化开始实施和发展。一方面，一些强势媒介会利用特定历史条件赋予的机遇，通过内部的不断改革挖潜，提高经营质量和效率，继续保持优势，甚至进一步发展壮大。而国际广告公司凭借先天的优势，包括资金实力和技术经验等方面配套服务的能力，在进一步适应中国市场实际后，会抢占这些强势媒介，利用资金等优势在一定程度上形成新的垄断力量。另一方面，市场化的发展将会对媒介产业化发展产生更大的推力和压力。跨国公司带来的新技术、新媒介会进一步引领和刺激中国广告市场，带来压力，同时会对中国广告市场以及中国广告国际化产生更大的推力。此外，跨国广告公司还通过资本运作的方式介入媒介体系，改变与媒介独立存在、独立操作、相互合作的结构模式，使媒介更好地服务于广告活动。同时，也帮助跨国广告公司另辟蹊径，在中国尚未完全开放广告市场之前，能够顺利进驻中国并开展广告活动。以星美集团为例，2003年星美集团成立北京星美广告公

---

① 吴予敏. 广告发展两面观：国际化与本土化：兼论中国广告在全球经济时代的发展症结 [J]. 国际新闻界，2000（1）：71-76.

司全面进军中国广告市场之前，就购买了阳光卫视70%的股权。

国际广告公司入驻造成的广告市场竞争的加剧，使各类生产企业竞争意识加强，而广告作为一种有力的竞争手段进一步得到广告主的重视，广告竞争的普遍展开和加剧使广告市场从总体上得到进一步的扩大。在这种情况下，不管是什么行业，也不管中国在这方面是否具有较强的比较优势，广告主都会争取机遇，求生存或图发展，国外企业和产品更会千方百计地来中国开拓和占领更大的市场。而对于中国，具有一定比较优势的行业和产品，也会借此难得的历史机遇，开拓发展更大的国际市场空间，即过去所说的对外广告宣传工作又迎来一次难得的发展机会。加入WTO，使中国的广告主更加理解市场经济，形势的逼迫使广告主更快成熟，自然更理解广告，更理性地做广告。另外，各行业原来的广告投放结构会因为市场形势的变化而变化。多年来，国外品牌大量涌入，各类广告此起彼伏，广告投放结构中新旧、中外的取代、被取代不断进行，使结构一直在变化，总量也一直在扩大。

间接影响方面。加入WTO使中国经济不可避免地融入世界潮流，大幅增加中国的对外、对内商贸机会，中国经济将会迅速发展，广告市场也将随着这种趋势不断扩大，广告业的发展将获得巨大的空间和舞台。广告市场的扩大主要来源于经济持续发展、进出口业务的增加和来华投资的增加等方面，而进出口与来华投资的增长是广告业不容忽视的重要市场。1999年，中国出口额世界排名第9位，已进入前10位世界主要出口国家和地区。加入WTO进一步提高了中国进出口贸易额，出口业务增加27%，约4 000亿元，为引导WTO成员方消费，国内企业用于海外市场推广的广告将增加40亿元的投入。同样，进口和来华投资的大幅增加也会带来巨大的广告投资。

（四）台湾地区广告业国际化对中国大陆的经验与启示

加入WTO是中国经济全面开放的里程碑，促成中国的深层次体制改革，是顺应世界经济一体化潮流的必然。

在改革开放浪潮中的中国广告业，与台湾地区建立的两岸广告交流是重要篇章。两岸广告界的交流始于1988年，在两岸尚未"三通"的背景下，两岸广告业界交流第一人宋秩铭，两岸广告教育交流第一人颜伯勤，以及姜弘、唐忠朴、张金石等两岸广告人共同启动了具有历史突破性的交流。台湾地区优秀的广告人才进入大陆市场，为改革开放初期的大陆广告业带来了新的理念和模式。同时，台湾地区优秀的广告学者赴大陆开展学术讲座，两岸广告专业的交流研讨会积极开展，在客观上促进了大陆广告学术及教育的发展。这些难能可贵的尝试，在当时的历史背景下彰显出特殊的价值，成为两岸经贸交流、文化交流的重要组成部分。不少行业和学界人士对港台广告业发展展开审视和反思，以期对中国大陆全面开放广告市场后可能遭遇的冲击进行应对分析。

从行业发展的角度看，台湾地区广告业在国际化的冲击下，所经历的由跨国广告公司带来的压力，正是中国大陆广告业改革开放以来同样经历的。中国大陆的开放路径与台湾地区基本相似，台湾地区广告业的国际化发展也源于制度开放。1985年，台湾奥美广告公司率先引入外资，成为当时备受瞩目的事件，"1986年，台湾宣布经济自由化和国际化，外国厂商可以100%在台湾设立分公司，也可由外国人担任负责人，国际性广告公司随着外国品牌进入台湾"①。借助制度开放的机会，以美国、日本为主的国际广告公司，大举向开放的台湾地区进军，鲸吞蚕食台湾地区的广告市场，"自1986年至1988年，将近10家世界大型的广告公司来台投资，甚至成立100%拥有的分公司"②。外资的介入，让台湾地区广告市场总体规模迅速扩大，1987—1989年，每年增长近30%。

跨国广告公司在台湾地区拓展业务的策略，与在中国大陆的拓展路径和策略十分相似。基于全球代理政策，常采取跨国转移（international transfer）的做法③，即伴随着商品和品牌的海外扩张顺势拓展海外广告市场，母公司的产品交给哪家广告公司代理，在他国（地区）开展营销时，广告也会交给这家广告公司的他国（地区）伙伴公司或子公司代理。从麦当劳、高露洁、可口可乐到丰田、索尼、宝马，欧美和日本的外国广告公司随着本国的强势产品进入台湾地区。这种全球代理政策，使得本土广告公司在海外产品和品牌进驻本土市场时，不仅未能享受市场销售带来的红利，反而因海外产品和品牌进入本土市场挤占本土产品和品牌的市场份额，而双双丧失对市场的掌控

---

① 陈培爱. 台湾广告业的国际化历程对中国大陆本土广告公司的启示 [J]. 广告大观（综合版），2007（3）：30-32.

② 陈培爱. 台湾广告业的国际化历程对中国大陆本土广告公司的启示 [J]. 广告大观（综合版），2007（3）：30-32.

③ 陈培爱. 台湾广告业的国际化历程对中国大陆本土广告公司的启示 [J]. 广告大观（综合版），2007（3）：30-32.

力，或是受到本土产品和品牌的市场竞争压力，转而寻找海外跨国广告公司助力其市场营销的选择，本土广告公司因此丧失重要客户从而陷入生存困难的境地，甚至被迫退出历史舞台。例如，李奥贝纳公司在台湾地区成立时，由于宝洁（P&G）与南侨化工合作，因此李奥贝纳公司也同时合并了南侨，投资"南声传播"。而台湾本土最大的广告公司联广，也因外商进入台湾市场而流失了一些重要的客户——"靠得住"卫生棉转到奥美，"福乐奶品"转到灵狮，"福特汽车"转到智威汤逊等①。

  由于外商广告公司的进入，台湾本土公司面临强大的冲击。1960年，台湾地区组织代表团赴日本参加第二届亚洲广告会议。1961年，倡导成立了三四家有一定规模的广告公司，学习了广告业发达国家先进的广告代理制。1966年，主办了第五届亚洲广告会议，十几个国家和地区的100多位代表参加，通过主办会议学习的专业知识，促使台湾地区广告业在运营和实践模式上均已与国际产业接轨。然而，即便经过了长足发展，台湾地区广告业仍然不得不面对1986—1988年跨国广告公司在台湾地区的市场占有率从零扩大到七成，而土本广告公司只能在夹缝中求生。到1998年，排名前42名的大型代理商（指承揽额达台币1亿元者）中22家是合资公司，且前10名中有9家是合资公司，只有联广一家是非外资公司，台湾本土广告公司的艰难可见一斑②。1996年，美商广告公司DMB&B以台湾相互广告公司的员工为班底，成立达美高广告公司，相互广告曾以"曼波篇"等精彩广告拿下15项时报广告金像奖，1995年底因财务危机而倒闭。与此同时，法商（EURORSCG）广告集团也购并了台湾志上广告，挂上了该广告集团在华人地区统一使用的"灵智"招牌。1994年，日本第一大广告公司电通买下台湾广告公司52%的股权，业务迅速上升，广告承揽额达19亿台币，在岛内排名由第七跃至第二。"相互""志上""台广"均成为台湾本地广告公司"国际化"的有力例证。截至1997年，排名世界前十位的外国广告公司已全部进入岛内。在台湾地区十大广告公司中，美商占5家，日商占2家，唯一完全是本地资本的联

---

① 陈培爱. 台湾广告业的国际化历程对中国大陆本土广告公司的启示［J］. 广告大观（综合版），2007（3）：30-32.

② 陈培爱. 台湾广告业的国际化历程对中国大陆本土广告公司的启示［J］. 广告大观（综合版），2007（3）：30-32.

中广告，也与日本电通有技术合作关系[①]。时至今日，再回头看看中国大陆对外开放后的广告产业竞争格局，大陆本土广告公司所承受的压力与台湾地区相比似乎更加猛烈。

从广告创意创作的角度看，台湾地区也经历了模仿西方的阶段，并希望通过参加国际会议和国际竞赛得到世界的认可，也同样遭遇了"滑铁卢"。反思之后，台湾地区广告业借助融入中华文化，不再强求"国际的承认"，而着眼于创造具有自己特色，具有国际水准的作品，形成了自己独到的风格，凭借不可替代的中华文化风貌在世界广告创意创作领域拥有了一席之地。

市场的开放也意味着经济结构被纳入全球体系，受到全球经济环境的直接影响，而广告作为与经济紧密相关的产业，也要随时做好应对经济波动的准备。例如，20世纪90年代世界经济不景气，不但冲击了台湾地区各行各业，也影响了靠广告代理收入生存的广告业。此外，资本对市场环境和市场利益的追逐使得全球市场具有极强的流动性和竞争性，在中国大陆经济环境不断开放优化的条件下，市场经济快速发展，吸引了大量海外产品和品牌以及台湾广告主涌向大陆，且国际广告集团也随之将重心移往中国大陆，一定程度上影响了台湾地区的广告经营，导致利润越来越薄，广告行业出现了衰退。

拓展阅读

大陆广告在台湾

在一本颇具权威性的杂志《天下》里，我看到了大陆内容的广告，广州中国大酒店的广告占了一个版，大标题写着"广州最超值的豪华套房计划"。

当然，大陆广告在台湾仍属凤毛麟角，大陆广告登岛步伐是难以迈得很快的。依我观察，目前的大陆广告能在台湾出现，主要是靠台湾的经销公司或第三地区的经销公司促成的。

如香港《明报》曾刊登一篇题为"聘请人才，沟通两岸"的广告，内容如下：

"香港洲际美术广告公司是台湾《商业周刊》《自立晚报》中国大陆及港

[①] 未名. 台湾广告业一瞥 [J]. 台声，1997（12）：16-18.

澳地区广告业务独家总代理。为进一步推动海峡两岸经贸往来，帮助大陆工商界开拓台湾市场，吸引台湾资金，对台湾企业进行商业信誉查询，本公司征聘和大陆经济贸易、工厂企业、广告样宣界良好关系人士为本公司业务代表。"

从字里行间可知，台湾传媒也是迫切需要刊载大陆广告的，其他且不论，经济效益就是一大因素。我在北京时曾见一家台湾报纸的董事长率队，广泛拜访工商界人士，重要话题之一，就是希望大陆企业能在其报刊登广告。

其实，两岸贸易已进行得如火如荼，据统计，1991年全年，两岸间接贸易额已达55亿美元，比上年增加15亿美元。但是，广告业在两岸贸易活动中，却没有充分表现出其应有的活跃性。尤其是涉及大陆内容的广告，在台湾仍举步维艰。

资料来源：郭伟峰．台湾广告业印象［J］．中国工商，1992（3）：31-33.

伴随着海峡两岸经济文化等交流活动的日益增多，特别是把握住文化要素在两岸关系以及国际交流方面的影响，1994年7月20日，国家工商行政管理局和国务院台湾事务办公室联合发出《关于加强海峡两岸广告交流管理的通知》，就加强两岸广告交流管理作出具体规定。

大陆也从台湾地区广告国际化发展面对的激烈竞争环境、竞争产生的原因、竞争带来的影响等总结出一些经验和启示。一方面，对经营成本急剧上升，跨国广告公司与本土广告公司争夺客户，本土广告公司人员流失现象严重等问题，有了更深刻的认知和准备；另一方面，能够理性看待身处竞争环境给台湾本土广告公司和整个广告产业带来的促进作用，通过对国际广告新经验和新运营模式的引入，广告策划创意和表现手法的科技应用和创新，广告专业人才培养体系的建构，广告业规范化经营等，快速适应了国际竞争带来的压力，并逐步进入国际合作和国际市场的轨道中。

四、中国广告产业国际化发展的严峻考验

2019年，麦肯锡全球研究院发布的《中国与世界：理解变化中的经济联系》报告中指出：中国与世界的经济联系正迈入全新阶段。中国近几十年的经济奇迹主要源自产业增长和投资，但主要动力目前已转为内需。中国与世

界其他地方的联系已经发生了根本性变化,根据麦肯锡全球研究院编制的"中国与世界依存度指数",过去10年,中国对世界其他地方的相对依存度逐渐下降,而世界对中国的依存度却相对上升,一定程度上反映出中国成长为世界第二大经济体和全球贸易大国的现状。

与此同时,全球贸易局势日渐紧张,各国保护主义日渐抬头。受经济格局变化的影响,中国广告的全球化在品牌和平台强势出海的发展势头下,挑战与危机的暗涌也同时并存。

(一)媒介平台化转变

国家统计局发布的《中华人民共和国2020年国民经济和社会发展统计公报》显示,自改革开放以来,我国的GDP增长了278倍,占全球GDP的比重从1.74%扩大近10倍到17%,从全球第十位上升到全球第二位。随着国民经济的增长,旧的商业模式不断被剥离,在互联网技术的加持下,平台化商业模式应运而生。互联网迅速将全球经济社会发展联通在一起,为广告提供了与传统模式截然不同的经济形态、产品思维和服务形式,统称为"平台化运营"。

1. 互联网改变了传统产业

近年来,社会的经济组织形态和产业关系均加入平台化转型的浪潮中,并在摸索和探究中发展出成熟的平台模式[①]。不同细分领域逐渐发展了不同的平台类别:电商领域有C2C电商平台,B2C商城平台,B2B交易平台;社交领域有即时通信平台,社交网络平台,社交开放平台;信息领域有门户式内容咨询平台、搜索引擎;金融领域有在线支付平台、资产交易平台;技术领域有应用商店、云服务平台、大数据应用平台等。无论在哪个领域,平台化运行的底层逻辑都是运用互联网技术汇集无限需求,并在大数据、云计算等技术的加持下,用无限生产满足无限需求。互联网尤其是移动终端的出现和发展,催生、刺激并释放了用户的需求,无论是对于实体商品的需求还是对于信息等无形产物的需求,都变得多样化、碎片化,并且无限膨胀。

从2010年和2020年全球市值100强上市公司排行榜(见表3-2)可以看出,随着互联网的发展,积极向平台方向转型的公司不断增多。2010年市值

---

① 谷虹,黄升民. 三网融合背景下的"全战略"反思与平台化趋势[J]. 现代传播(中国传媒大学学报),2010(9):6-10.

前十的企业中,仅有微软和苹果两家;2020年,除了沙特阿美、伯克希尔和强生外,市值前十的企业中有7家为典型的平台型互联网公司。由此可见,随着科技和经济的发展,向平台化转型逐渐成为企业在数字时代脱颖而出并保持兴旺的手段。

表3-2 全球市值100强上市公司排行榜(前十名)

排名	2010年		2020年		
	公司	领域	公司	领域	股票市值(亿美元)
1	中国石油	石油	沙特阿美	石油	16 020
2	埃克森美孚	石油	微软	科技	12 000
3	微软	科技	苹果	科技	11 130
4	工商银行	金融投资	亚马逊	消费服务	9 710
5	沃尔玛	消费服务	ALPHABET INC-A(谷歌母公司)	科技	7 990
6	建设银行	金融投资	阿里巴巴	消费服务	5 220
7	必和必拓	石油	脸书	科技	4 750
8	汇丰银行	金融投资	腾讯	科技	4 690
9	巴西国家石油	石油	伯克希尔	金融	4 430
10	苹果	科技	强生	医疗保健	3 460

资料来源:根据公司披露的公开数据整理。

2. 媒介平台不断发展变化

与社会经济发展同步,媒介也在技术的更迭中不断发展变化。麦克卢汉曾指出"媒介即讯息",并在20世纪60年代提出"地球村"的预言。在万事万物均依托于互联网的当代,媒介较之前相比承载了更多信息,甚至可以说,新的媒介形式塑造着信息生产和传递模式。

平台型媒体的概念由西方兴起,platisher(平台型媒体)一词由platform(平台)和publisher(出版商)组成,在我国的语境下被定义为平台型媒体。从数字技术角度理解,平台既涵盖包括服务器、网络设备等硬件技术在内的"硬件架构",也包括运载程序等"软件架构";既是一种技术经济架构意义上的数字基础设施,也是一种技术控制与规范的手段。简单理解,大到阿里巴巴、腾讯控股等跨国互联网集团，小到淘宝、微信、微博、小红书等应用，都可以被称为媒介平台。媒介平台的核心在于聚合、协调、重组以及交互。从某种程度上，技术和商业形态的快速更迭，使得平台化媒介天然拥有"去中心化"的趋向，但由于平台受控于商业利益和政治权力，所以真正的"去中心化"并未形成，平台作为公共话语场域与意见自由市场的角色在诸多因素的影响下被消解，"商业逻辑""算法逻辑""治理逻辑"逐渐占据主导地位[①]，在此背景下，互联网数据的"数字石油"地位不断被强化。由于争夺"数字石油"，平台间的壁垒也逐渐显现。技术限制、利益排挤、互相屏蔽、拒绝交易、歧视交易等问题，在我国各个媒介平台之间屡见不鲜，不仅影响用户使用体验、损害用户权益，还在一定程度上妨碍公平竞争、扰乱市场秩序，不利于互联网生态以及平台经济的持续健康发展。

不同互联网媒介平台之间互设壁垒，归根结底是将"流量思维"凌驾于用户权益之上的结果，是企业之间过度地、不正当地争夺用户注意力资源的结果。各平台之间为了保住私域流量、培养用户黏性，多采用屏蔽其他平台链接的方式，将本平台生态封闭化，久而久之造成互联网空间壁垒丛生、相互割裂，不仅不利于平台自身的健康发展，也为互联网时代广告产业的打通造成了极大阻碍，平台并未提高广告宣传的便利性，而是使得广告流通困难重重，不得通路。2021年9月，国家工业和信息化部召开"屏蔽网址链接问题行政指导会"，明确提出各平台按标准解除屏蔽的要求，逐步打通了多年来横亘在互联网平台之间的断点、堵点，推动媒介平台回归互联互通的轨道，构建互通开放、规范有序、保障安全的互联网发展环境。这也为我国广告产业整体发展释放了一个良好的信号，只有平台间打破壁垒，广告的进一步互联互通才能成为可能，平台经济才能实现稳定健康发展。

（二）数据信息保护主义对平台海外扩张的严格限制

随着平台经济和数字经济成为全球经济增长的新引擎，各国纷纷将其视为重大战略机遇。基于此，国际合作、平台出海面临新的挑战。为争夺"数字石油"，各国纷纷出台相关法规政策，设法保护本国数据安全，为别国平台的进入设置屏障，成为我国各大媒介平台海外扩张的严重阻碍。

---

① 蔡润芳． "围墙花园"之困：论平台媒介的"二重性"及其范式演进［J］．新闻大学，2021（7）：76-89，122．

2018年5月底，被认为有史以来最严格的网络数据隐私保护法规《通用数据保护条例》在欧盟范围内生效。《通用数据保护条例》规定数据所有者的个人数据信息为基本人权，同时建立独立的数据保护机构进行监管。《通用数据保护条例》还对数据处理分析者的分析活动进行了限制，对大数据跨境交流提出了新的要求和规则。这些规定有利于在欧盟范围内建立起统一的大数据市场，但对于想要进入欧盟国家的国外平台来说，则是一道高墙。

2012年，美国颁布了《大数据研究和发展计划》，标志着美国率先将大数据上升为国家战略。2016年，美国又颁布了《联邦大数据研发战略计划》，从技术研发、数据可信度、基础设施、数据开放与共享、隐私安全与伦理、人才培养、多主体协同7个维度，综合阐释了美国大数据的未来发展生态。2018年，面对日益发展的数字经济和平台模式，加州颁布了《加州消费者隐私法》和《信息隐私：联网设备》两部法规，以加强网络隐私保护。两部法规涵盖了许多对企业的限制和要求，例如：企业必须披露收集的信息、商业目的以及共享这些信息的所有第三方；企业需依据消费者提出的正式要求删除相关信息；掌握超过5万人信息的公司必须允许用户查阅自己被收集的数据，用户可以选择不将数据出售给第三方，同时用户也可以要求公司删除数据。两部法规均于2020年1月1日开始实施。美国一向强调行业自律和自我监督，加之互联网技术发达，其对个人隐私数据保护能力强。以上法规皆为我国媒介平台出海设置了重重难关。

与美国相似，日本更多地依赖于行业自律对数据隐私进行保护。与此同时，由于国内大数据流量呈指数级增长，日本政府也采用法律手段介入数据隐私保护中。2005年4月，日本颁布实施了《个人信息保护法》，2015年在此基础上结合国情进行修订，后随着互联网技术的快速发展，又于2020年进行第二次修订，最新修订的《个人信息保护法修正案》自2022年4月起正式实施，意味着其他国家的媒介平台进入日本将日渐困难。

除了欧盟、美国、日本等较早重视个人隐私数据保护的典型国家和地区之外，近年来，随着互联网技术和平台经济的发展，各国纷纷将个人隐私数据保护上升到国家战略高度。2016年，俄罗斯颁布了《信息、信息技术与信息保护法修正案》，赋予俄罗斯公民要求搜索引擎删除有关用户个人的不实信息链接的权利。2019年，印度出台了首部全面系统针对个人数据进行保护的法规《2019年个人数据保护法案》。该法案深受欧盟《通用数据保护条例》

的影响，提出了一系列严苛的个人隐私数据保护要求。2020年，新加坡通信和信息部与个人数据保护委员会联合发布了《个人数据保护法（修订）》草案，也将个人信息保护立法提上日程。各个国家和地区纷纷重视个人信息保护，并在法律层面予以规制，法案的落地将对出海互联网企业造成巨大挑战。

总的说，我国媒介平台出海在法律政策层面主要面临用户数据获取风险、数据跨境风险以及数据营销应用风险的挑战。

首先，用户对个人产生的数据有申请合理利用或删除的权利，已经是欧美等国家在数据安全领域关注的主要议题。而在此背景下，数据驱动型的媒介平台将成为该类监管的重点对象，如何保证数据活动的透明性，并在尊重数据主体对其生产数据的控制权的前提下开展经营活动，将是出海企业面临的一大难题。

其次，出海媒介平台数据的跨界流通是商业活动的关键一环。从数据生产到数据传输，再到最终的数据接收环节都面临重重挑战。数据生产环节要突破本地合规限制，要充分了解当地法律要求，并征求数据主体的同意，通过政府申报等，才能顺利开展数据收集活动；数据传输环节更需要合理理由才能实现；数据接收环节的困难主要体现在数据接收国的个人数据信息保护限制，同样需要取得许可才能开展活动。总而言之，媒介平台在进行数据跨界传输过程中，应充分了解当地法律法规，提前开展风险评估、监管报备、协议签署等工作，以便后续工作顺利展开。

最后，媒介平台开展数字营销是获得更高投资回报率和扩大市场范围的重要手段。因此，如何充分把握授权用户群体，制定合理的推送机制，构建数据共享框架，合法高效地开展数字营销活动，是出海媒介平台面临的又一挑战。

随着媒介平台化进程加速，除了数据信息保护主义对平台出海进行限制和阻碍之外，政治层面的博弈也是影响我国媒介平台海外扩张的一大原因。例如，华为5G海外布局困难重重，始终难以打出一片开阔的海外天地。2020年，印度政府以"国家安全"为由，宣布封禁59款拥有中国背景的手机应用程序，其中字节跳动旗下的TikTok也在印度全线下架；随着中美贸易摩擦的加剧，美国政府曾以与印度同样的"威胁国家安全"为理由颁布政令，要求字节跳动将TikTok出售给美国，字节跳动对此予以拒绝，后美国政府企图将其逐出美市场。从法律层面到经济层面、技术层面，再到谷歌等行业巨头的垄断压制，我国媒介平台出海面临着重重压力，我国广告产业国际化面临严峻挑战。

（三）互联网营销模式对传统广告业的降维影响

随着数字媒介的普及，广告行业进入门槛不断降低，平台化背景下的互联网营销模式，使其他市场竞争者不断挤占广告行业市场份额，除了日益崛起的本土广告公司，阿里巴巴、腾讯等互联网公司也成为广告行业的重要参与者，企图进入广告行业"分一杯羹"。从2020年的数据看（见图3-1），国内五大媒体广告市场规模达8 529亿元，其中网络广告市场规模达7 666亿元，较传统媒体有压倒性优势。随着互联网信息技术的不断发展，网络广告在广告业中的占比将进一步扩大。就我国目前的情况看，网络广告营收的主要来源为各大互联网公司，即综合性互联网媒介平台。阿里巴巴、腾讯、百度、拼多多、京东、快手、美团等，已经成为我国互联网广告营收的主要来源。

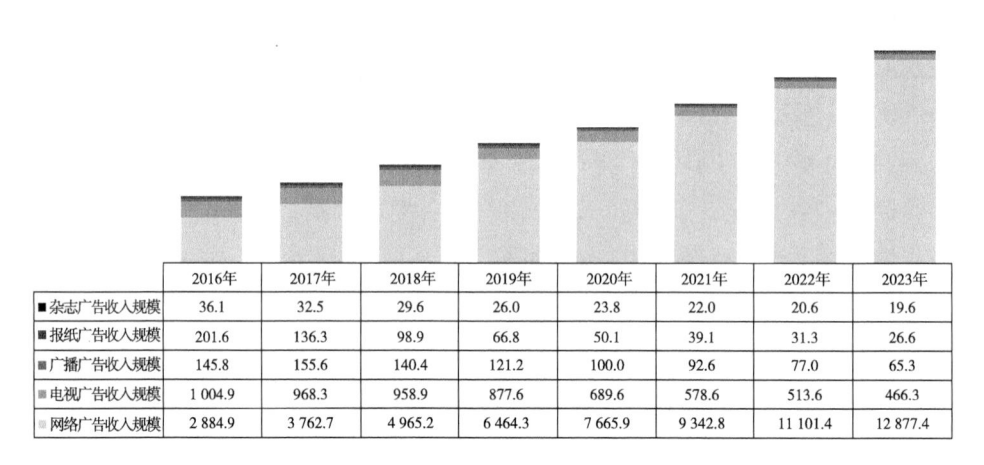

	2016年	2017年	2018年	2019年	2020年	2021年	2022年	2023年
■杂志广告收入规模	36.1	32.5	29.6	26.0	23.8	22.0	20.6	19.6
■报纸广告收入规模	201.6	136.3	98.9	66.8	50.1	39.1	31.3	26.6
■广播广告收入规模	145.8	155.6	140.4	121.2	100.0	92.6	77.0	65.3
■电视广告收入规模	1 004.9	968.3	958.9	877.6	689.7	578.6	513.6	466.3
■网络广告收入规模	2 884.9	3 762.7	4 965.2	6 464.3	7 665.9	9 342.8	11 101.4	12 877.4

图3-1　2016—2023年中国五大媒体广告收入规模及预测（亿元）

资料来源：广播广告及电视广告数据来源于国家广电总局及《广电蓝皮书》，报纸广告及杂志广告参考国家工商行政管理总局及《传媒蓝皮书》，网络广告市场收入规模根据企业公开财报、行业访谈及艾瑞统计预测模型估算。

与传统广告代理行业不同，媒介平台彻底改变了广告行业"广告主—代理公司—媒介—受众"的链式行业结构，转而塑造出一个专业化程度更高、精准化程度更高、触达转化效率更好的广告产业图谱。从广告创意生产到广告投放，再到后期广告效果监测追踪，互联网时代的广告正在朝着"千人千面"的方向努力。随着广告数字化进程的不断演进,技术发生的应用场景越发多元化。2023年,Morketing研究院发布的《MarTech生态图2023》将数字广告产业以广告与推广、内容与体验、互动和关系、销售与交易、数据与分析、供应与管理6大板块进行细分,下设63个子类别,对数字广告行业生态进行了全方位的覆盖和梳理。

数字广告产业中,技术和服务的分工愈加细致,产业链条不断完善。随着营销商业的变革,企业对于内部、外部管理的需求不断增长,营销科技(MarTech)生态也在日趋完善。chiefmartec 2022年的数据分析显示,从定量的角度看,2020—2022年营销科技的各个类别都有所增长,其中管理类别增长了67%,多个全球权威性营销科技生态图对于管理板块的更新也佐证了这一点,产业化发展的离散程度愈加明显。可见平台化背景下的互联网营销模式给传统广告行业带来了名副其实的"降维打击",促使广告行业不断探寻转型路径。

2020年,面对突如其来的新冠肺炎疫情,数字经济展现出强大的发展韧性,实现逆势增长,国内三大产业均在努力实现数字化全面升级,以数据为核心驱动力的营销时代正在到来。大数据背景下"体验"和"互动",正在逐步取代"媒体"和"渠道"成为广告行业发展的新方向;"精准化"和"全链路"营销逐渐成为广告主的普遍诉求;人工智能、云战略、投放一体化服务成为各大媒介平台布局广告行业的亮点;巨量引擎、磁力引擎、阿里妈妈等营销服务平台,凭借着强大的算法和算力精进数据整合和分发能力,使得全流程服务成为可能。与经济发展共命运的中国广告行业在互联网技术带来的"阵痛"中努力转型,寻求自身发展道路以及新背景下的国际化路径。

(四)全球经济疲软带来巨大压力

根据联合国贸易和发展会议发布的《贸易和发展报告2023》相关数据,2022年,世界经济增长将放缓至2.5%,2023年降至2.2%。全球经济放缓将使实际GDP仍低于疫情前的水平,使世界损失超过17万亿美元,接近世界收入的20%。发展中经济体的平均增长率将降至3%以下,这一增速不足以实现可持续发展,并将进一步挤压公共和私人财政,损害就业前景。经济放缓对发达国家的冲击同样猛烈,意大利、英国等发达国家2020年出口增长率甚至接近-10%。

从消费角度看,通货膨胀已经成为亟待关注的问题。2021年,世界粮食和能源等初级商品的价格增长幅度高达55%，整体的消费价格也持续保持上升趋势，尤其对于发展中国家而言，通胀带来的影响尤为严重。2021年，非洲地区消费价格上涨了22.7%，拉丁美洲和加勒比地区的消费价格也上涨了15%。发展中国家，尤其是非洲国家的贸易顺差有所扩大，而发达经济体的贸易逆差也相应扩大。联合国贸易和发展会议预测，在疫情的影响下，即便全球经济不再出现重大衰退，全球产出水平也要到2030年才能恢复2016—2019年的发展趋势。

疫情对我国经济造成了一定的负面影响，但我国经济仍呈现出向好的趋势。国家统计局相关数据显示，近10年来，我国经济年均增长达6.6%，远高于2.6%的同期世界经济平均增速，中国对世界经济增长的平均贡献率达到38.6%，超过七国集团国家贡献率的总和。2021年，我国GDP占世界经济总量的比重达18.5%，较10年前提高了7.2个百分点。同年我国对外贸易总额达到6.9万亿美元，较10年前增长了56.8%[①]。总体看，我国稳居世界第一大贸易国和第二大经济体位置。随着国家将平台经济和数字经济提高到战略高度，我国媒介平台不断发展并积极出海，在发达国家和地区以及东南亚等地区积极布局，已形成一定规模，广告产业也随着媒介平台的出海走向世界各地。2019年底，新冠肺炎疫情暴发之后，受全球经济疲软的影响，广告产业也遭遇了一定打击，广告产业国际化之路变得坎坷和艰难。

从长远看，阻碍全球经济发展的因素主要包括史无前例且仍在不断攀升的债务，增速不断迟缓的劳动生产率，金融监管持久性存在漏洞，经济民族主义特别是资源民族主义抬头，多边贸易体系WTO上诉机构停摆且改革谈判迟迟无法达成共识，等等。在经济全球化不断深入和互联网技术不断普及的背景下，与经济活动关系密切的网络安全问题始终是威胁巨大的"黑天鹅"。虽然存在着诸多风险与挑战，但全球经济依旧处于中长期的可持续发展轨道上。随着全球各国对新冠肺炎疫情的控制逐渐常态化，2021年上半年，全球主要经济体呈现强劲的复苏态势，全球经济从疫情的阴影中逐渐走出已成定局。但由于医疗资源、经济基础、人口资源等因素的影响，各国从疫情阴影中走出的速度并不相同，甚至疫情在不断拉大不同国家和地区间的经济发展差距。在此背景下，我国广告产业国际化之路将再次在艰难中前行。

---

① 根据国家统计局数据整理。

（五）不同广告公司的应对策略

在媒介平台化和全球经济增长疲软的背景下，作为经济"晴雨表"的广告行业最先接收到市场的信号，各大广告集团纷纷踏上转型或逃离之路。新冠肺炎疫情暴发之前，全球各大广告传播集团为应对数字化、平台化浪潮，多采用收购、吞并等手段，丰富本集团业务领域以顺应经济发展趋势。2015年，WPP、宏盟、埃培智（IPG）、阳狮、电通全球五大广告传播集团累计进行收购数量达66笔，其中以广告、营销平台为主；2019年，五大广告传播集团仅产生了17笔收购，且收购触角主要伸向了数字领域，如软件开发、数字创意、开源式媒介代理等。由此可见，广告传播行业释放两个信号：一是行业龙头收购重组动作变小，表明在媒介平台崛起的背景下，传统广告行业受到一定冲击；二是收购重点集中在数字科技领域，表明广告传播集团力图通过夯实数字技术能力扩大自身竞争优势，以寻求长期发展。

新冠疫情暴发之前，在全球经济正常增长的前提下，传统广告行业已经受到了媒介平台发展的冲击。2019年，WPP、宏盟、埃培智（IPG）、阳狮、电通、哈瓦斯（Havas）六大广告传播集团中有四家有机收入下降，其中较前一年的有机收入下跌比例为：WPP下跌1.6%，阳狮下跌2.3%，电通下跌1%，哈瓦斯下跌1%。仅宏盟和埃培智两家集团财报显示有机收入增加，其中，埃培智集团虽然2019年有机收入较2018年上涨3.3%，但其在亚太地区的有机收入较上年下跌3%①。2019年底，新冠疫情已小范围在我国传播，面对未知的市场经济环境，各大广告集团纷纷表露出对我国广告市场的担忧。大中华区作为WPP持续经营的5大市场之一，2019年持续经营业务同比减少3.8%，公司表示，面对新冠病毒，"现在还无法评估任何影响"，但首席执行官马克·里德（Mark Read）表示将继续简化WPP，继续执行2018年12月启动的为期3年的周转计划，其预计集团复苏需要一定的时间②；电通也表示亚太地区的亏损（在整体有机收入下降1%的情况下，亚太地区较上年有机收入下降12.3%），释放中国广告市场充满不确定性的信号，其认为未来中国市场仍具有极大的挑战性；阳狮集团首席执行官也表示，中国市场将是集团最为关注的地区。这不仅是基于商业的考虑，也体现在集团在华员工的健康安全

---

① 根据公司披露的公开数据整理。
② 根据公司披露的公开数据整理。

问题上。整体看，2019年，全球广告集团发展形势并不乐观，且多数集团表示2020年将同样是充满挑战的一年。

新冠疫情暴发之后，全球经济受到严重掣肘，2020年，各大实体行业发展吃力，经过一年的调整和转舵，各大集团在2021年开始迎来疫情后的转机。2021年，WPP集团整体营收同比增长率为6.7%，经济下行背景下集团转机来自对新技术潮流的精准预判和把握：2021年2月，集团宣布与Tik Tok成为战略合作伙伴；4月，成立全球数据公司Choreograph；11月，集团成为可口可乐全球营销网络合作伙伴。得益于大客户在商务、客户体验和数字化转型方面的支出逐渐增多，以及数字营销、平台媒介、电商领域等需求的推动，WPP集团实现了近20年来最快的有机增长。2021年，宏盟集团营业收入为142.89亿美元，较2020年上长8.49%，但仍未恢复至疫情前的水平，但首席执行官仍表示，随着疫情的影响逐渐减小，对集团未来的发展持乐观态度。2021年，阳狮集团实现10%的有机增长，营业收入达到117.38亿欧元，已经超过疫情前的业绩水平。观察集团财报不难发现，集团营业收入结构中数据驱动型营销、媒体与技术模式等战略结构转型起到了极大的推动作用，如沃尔玛的美国媒介业务，TikTok的全球创意业务等等，集团表示将进一步扩大在技术和数据方面的业务和能力。电通集团经过2019年、2020年的亏损，在2021年迎来发展的春天，实现营业收入79亿美元，增长率达到16.9%。收购LiveArea以及合并招聘咨询公司赛普提尼控股（Septeni Holdings），奠定了电通在日本广告市场的领先地位。2021年，IPG集团也实现了11.9%的有机增长，其中，数字营销服务是集团强劲的增长业务板块，集团首席执行官菲利普·克拉科夫斯基（Philippe Krakowsky）表示，客户对在第一方数据管理、创意广告技术和直接面向终端客户的商务管理等方面，拥有专业能力合作伙伴的需求量越来越大。2021年，哈瓦斯集团（Havas）有机增长达10.8%，但总营业收入额并未超过疫情前的水平，创意、媒介和医疗保健传播对集团营收的贡献较大①。随着新冠疫情防控逐渐常态化，全球广告行业在经过连续两年的波动后，开始迎来整体回升趋势，从各大集团的财报中不难看出，主要营业收入点集中在数据管理、虚拟营销、互联网技术创新等领域。

---

① 根据公司披露的公开数据整理。

中国本土广告公司虽然也受到新冠疫情的冲击，但近两年整体发展趋势依旧强劲，尤其在平台媒介技术和互联网营销思维逐渐搭建起来之后，国内广告行业的竞争力不断增强，以蓝色光标、华扬联众为代表的本土广告集团，通过收购、重组等方式积极布局中国市场，在数字营销、电子商务、创意媒介等领域的市场占有率不断提升。2020年，蓝色光标以748.8万亿元的营收超过WPP集团，跃居本土广告集团年收入榜首①。以人工智能为代表的数字技术，以及数据和算法驱动的程序化创意模式，让传统国际4A广告公司的优势削弱。

无论国际广告传播集团还是本土广告公司，在新的经济和技术形势面前均积极建设媒介平台，布局数字帝国。在未来，积累数字资产，加强数据管理，快速感知市场，精进广告创意，优化客户关系，掌握互联网营销思维，是广告行业应对不断变化的市场挑战的有效策略。

第二节　技术渗透下的主动出击

一、新媒体广告市场的兴起对中国广告产业国际化发展的新刺激

随着技术的发展，广告媒介不断多元化，而媒介的多元化又为广告信息的发布和传播提供了更为广阔的天地。

（一）互联网带来信息传播新浪潮

20世纪90年代末，互联网的迅速崛起带来了信息传播的新浪潮，短短20年，互联网从技术到场景再到应用规模获得了长足发展。中国互联网基础设施建设成效显著，截至2023年6月，我国域名总数为3 024万个；IPv6地址数量为68 055块/32，IPv6活跃用户数达7.67亿户；互联网宽带接入端口数量达11.1亿个；光缆线路总长度达6 196万公里。在移动网络发展方面，截至2023年6月，我国移动电话基站总数达1 129万个，其中累计建成开通5G基站293.7万个，占移动基站总数的26%；移动互联网累计流量达1 423

---

① 根据公司披露的公开数据整理。

亿 GB，同比增长 14.6%；移动互联网应用蓬勃发展，国内市场上监测到的活跃应用程度数量达 260 万款，进一步覆盖网民日常学习、工作、生活。在物联网发展方面，截至 2023 年 6 月，三家基础电信企业发展蜂窝物联网终端用户 21.23 亿户，较 2022 年 12 月净增 2.79 亿户，占移动网终端连接数的比重为 55.4%，万物互联基础不断夯实①。

由于具有极强的互动性和广泛的传播能力，很多基于互联网独特性发展的网络广告，开始充斥在人们的网络生活中。从简单的网络横幅广告和弹出式广告到需要通过注册才能参与的互动性广告网站，互联网已经在不知不觉中成为发展迅猛的广告媒体。据相关记载，1997 年 3 月，比特网站发布了一则动画旗帜广告，是我国发布的首条网络广告。1999 年，中国网络广告收入超过 1 亿元，2000 年接近 3 亿元，2001 年超过 6 亿元，2005 年已经达到了 31.3 亿元②。同时，根据 2005 年的统计数据，门户网站仍是主要网络广告媒介。排名第一的新浪网和排名第二的搜狐网合计占据了 55% 的市场份额③。以互联网为代表的新媒体网络的兴起，使广告媒体市场结构发生变化，新媒体传播的分众性以及受众的精准聚焦性等，对广告媒体、广告公司、广告主三个方面都有一定程度的解构和新的调整。同时，新媒体广告市场的兴起也对中国广告产业国际化发展产生新的刺激和影响。

1. 整体广告媒体结构方面

以网络广告为代表的新媒体广告快速增长，不仅在增长率上远高于传统媒体，在相对市场份额上也相继超过杂志、广播、报纸等传统媒体。截至 2012 年，我国网络广告市场规模达到 753.1 亿元，较 2011 年同比增长 46.8%，互联网成为仅次于电视的第二大广告媒体。与之相对应，则是传统媒体广告的增速放缓，甚至部分传统媒体的广告出现负增长和明显衰退。2013 年 1 月至 6 月，中国传统媒体广告累计增长 7.9%，该速率低于新媒体广告，而且户外、报纸、杂志三个媒体的广告出现了负增长，下降比例分别为 1.5%、6.1%、8.3%④，其中，报纸和杂志两个媒体的广告降幅还有扩大的趋

---

① 中国互联网络信息中心 2023 年 8 月发布的《第 52 次中国互联网络发展状况统计报告》。
② 依据国家统计局、中国广告协会公开数据整理。
③ 依据国家统计局、中国广告协会公开数据整理。
④ 数据来源：根据中国广告协会、国家统计局公开数据整理。

势。2020年8月央视市场研究股份有限公司发布的《2020广告主营销趋势调查报告》及相关数据显示，近几年，广告市场数字化方向持续显现，广告主对数字广告预算占比预期，从2016年的43%到2018年的50%，再到2020年的58%，数字媒体投入费用逐年提升并于2019年超过传统大众媒体占据主导地位。2020年初以来，虽然受新冠疫情影响，国内乃至全球的经济形势不容乐观，但也正是由于疫情的缘故，线上办公、线上教学、直播带货等线上活动涌入消费者的生活。突如其来的疫情使得广告市场出现了"应激性"的低迷，但短暂的低迷之后，疫情似乎又扮演了"加速器"的角色，促使广告行业迅速发展。

2. 经济环境方面

突如其来的疫情提升了公众尤其是企业对数字化的认知，在政府的主导下，数字化转型已成为大势所趋。2016年，我国数字经济规模为22.6万亿元，占GDP总额的三成；2020年，数字经济规模已达39.2万亿元，居全球第二，占GDP总额的38.6%。可见在整体经济受到疫情影响的情况下，数字经济规模仍然保持良好的增长态势。

根据发布的《2022中国移动互联网半年大报告》，2021年第4季度中国互联网广告市场规模达1 996.2亿元，互联网广告主继续将程序化广告作为主要投放方式，相比品牌广告，超过90%的广告主更偏爱效果广告。当年轻用户已接近饱和时，移动互联网继续向潜在人群渗透，一方面，46岁及以上中老年用户成为主要增长源；另一方面，随着年龄的增长，Z世代群体正逐步成为社会发展的中坚力量，作为移动互联网原生代，他们也是最能适应移动互联网新生事物的用户群体。2021年底，"元宇宙"概念横空出世。尽管元宇宙在基础技术突破上仍未能达到理想状态，元宇宙的实现路径、盈利模式等方面仍有诸多分歧，但全球范围内已经将元宇宙作为广告产业未来场景搭建的重要样本，并着手开展了一些初步的尝试。

导致传统媒体与新媒体广告此消彼长的原因有两个方面：一是随着新媒体用户规模扩张、广告产品形态创新，广告主对新媒体的广告价值越发认可；二是受近几年经济形势波动的影响，广告主在广告投放上更加理性，更看重广告的投入产出效果。广告主有意识地将原本全部投放至传统媒体上的广告预算，分流一部分到效果更清晰、更易测量的新媒体广告上。

3. 广告呈现分段化趋势

在各类细分媒体市场内部，广告亦呈现分化的趋势。比如，在互联网媒体市场上，我国网络广告发展初期，主要门户网站垄断了广告资源，如 2002 年，新浪、搜狐、网易三大门户网站广告收入之和占到全行业的 67%①。近年来，随着新技术和新的网络平台的兴起，这一垄断格局逐步走向多元与分化。首先，自 2003 年以后，搜索引擎异军突起，快速打破了门户网站的垄断格局，并于 2007 年之后在网络广告市场中维持稳定的主导地位。其次，近年来得益于电商网站、视频网站的快速发展，投放在二者上的网络广告亦取得了较快增长，在网络广告各媒体市场中的占比明显上升，成为引人注目的市场力量。例如，2008 年，电商网站和视频网站的广告占比分别为 4.7% 和 3.4%；2012 年，两个数字分别增加至 23.3% 和 13.6%；2020 年，电商网站和短视频广告的数字广告渗透率分别达到 72% 和 82%②。

（二）广告市场新媒体出现新力量

随着移动互联网的崛起和新媒体的发展，广告市场媒体领域出现了新力量，手机和移动互联网的普及为移动广告提供了庞大的市场空间。移动搜索引擎广告、基于应用程度的品牌展示广告和植入广告、直播平台广告等新型广告形式或将成为国际广告市场的主流。新媒体的发展时刻决定着国际广告市场的发展方向，影响和决定着中国广告产业国际化的发展方向。

中国互联网广告从开始紧跟国际广告市场，不断与时俱进，到当下已经走出独具中国特色的互联网平台建设和互联网广告产品营销之路，在优化广告传播形式和提升广告传播效果的同时，不断拓展海外市场，使得海外市场已逐步成为中国互联网公司保持整体发展的重要增长点，拥有地缘和市场体量优势的日本、韩国、印度、东南亚等亚洲国家/地区，成为许多企业突破的重点（见表 3-3）。

2022 年 11 月，人工智能研究和部署的公司（Open AI）掀起的大模型浪潮刷新了人们对人工智能的认知。新一代模型可以处理的格式内容包括文字、代码、图像、音频、视频等，生成式人工智能（AIGC）发展速度惊人，迭代速度呈现指数级发展，其中深度学习模型不断完善，开源模式的推

---

① 艾瑞咨询. 中国网络广告年报（简版）2003 年 [R/OL]，2004.
② 艾瑞咨询. 2012 年第四季度及年度中国网络广告 & 搜索引擎核心数据发布 [R/OL]，2013.

表 3-3 部分行业典型出海应用/公司的发展思路

所属行业	应用/公司	主要布局区域	出海发展思路
手机游戏	腾讯	欧美、日本、东南亚	全球化 IP 拓展市场，以多人联机竞技游戏、生存经济类等中度品类为主
	网易	日本	日本地区本地化深度运营，品类多元化，未来向欧美拓展
	莉莉丝	欧美、日本、韩国	以自研模拟游戏和卡牌发家，主打欧美市场
	米哈游	美国、日本、韩国	开发二次元游戏，主打美国与日韩市场
	三七互娱	欧美、日本、韩国、中国港澳台、东南亚	代理发行+自研自发+投资定制，欧美主打模拟游戏，东南亚主打模拟经营、角色扮演游戏等
短视频	字节跳动（TikTok）	全球	借助先发优势，加强本地化运营发展，充分结合国内成功经验
	快手（Kwai）	南美	结合市场特性，通过差异化开拓市场空间
	快手（Snack Video）	东南亚	充分结合当地文化环境进行产品开发
	欢聚时代（Likee）	东南亚/俄罗斯	通过本地化优势进行品牌打造，吸引当地的内容消费者和创作者
	阿里巴巴（Vmate）	东南亚	切中东南亚当地三四线用户的表达需求，广泛吸引当地用户

资料来源：移动互联网商业智能服务平台，2022 年 7 月发布的《2022 中国移动互联网半年大报告》。

动、大模型探索商业化的可能，都在助力生成式人工智能的快速发展。越来越多的公司也积极参与这场火热的大模型竞赛中，例如，谷歌由谷歌大脑（Google Brain）和人工智能公司（DeepMind）合并之后研发而成的对话式 AI 软件 Gemini，谷歌可以调度和训练 AI 模型的资源数量，包括庞大的 YouTube 视频、谷歌图书、搜索索引，以及来自谷歌学术的学术资料，从而使其成为第一个可以处理视频以及文本和图像的多模态模型。人工智能研究和部署的公司正积极努力将多模态功能纳入 GPT-4，意在赶在 Gemini 发布前推出多模态大型语言模型（MLLM），即代号为 Gobi 的下一代大型语言模型，以击败谷歌并保持领先地位。不同于局限在文本数据的传统大型语言模型，多模态大型语言模型可同时兼顾图像、音频、视频等类型数据，多模态大语言模型之战一触即发。从国内看，百度发布的文心一言，腾讯的混元大模型，阿里云推出的通义千问，蓝色光标（Blue AI）行业模型"AI^2"战略"All in AI"，等等，均是生成式人工智能新布局下的产品，旨在改变生产效率与方式，提高创造新模式的能力，打造 AI 时代的超级个体与组织，用新范式重构广告服务框架，成为广告生产变革的重要转机。

1. 广告公司方面

以往广告公司存在客户代理与媒介代理结构失衡的问题。在新媒体时代，随着媒介环境的变革，资本力量的注入，广告公司自身的并购得到了解决，广告代理方式、广告投放渠道等逐渐融合。在互联网普及之前，我国广告公司主要以媒体代理为主，媒体代理佣金是大多数广告公司收入的主要来源，当时的传媒环境与市场环境较为单纯，竞争不激烈，对广告专业服务能力要求不高，广告主只要在全国性或地区性有影响力的媒体上投放广告，都能取得良好的广告效果。这使得许多广告公司将经营重点放在与媒体建立良好关系上，而非提升自身的专业服务能力。但是，当前新媒体的崛起分流了消费者对传统媒体的注意力，单纯在传统媒体上投放广告已经无法收到应有的传播效果。

同时，新媒体的互动性使消费者对信息接收和筛选的主导性增强，以往的硬广告和强制式广告更是收效甚微，广告经营理念随之发生变化，单纯的媒介代理转向整合营销传播。新媒体广告的市场价值和发展潜力日益受到广告主的重视，广告公司针对新媒体广告领域的并购行为越发常见。通过资本运作，一些大的广告公司不仅囊括了传统广告公司、网络广告公司，从而能够为广告主提供"全媒体"的广告代理服务，有的更是将公关、咨询、市场调研等相关产业纳入旗下，提高整合营销水平，最终提升广告公司的经营效益。

由于新媒体平台上的广告投放与广告代理在很大程度上受技术驱动和主导，为中国本土广告公司的发展提供了新契机，长期以来外资广告公司畸强，本土广告公司畸弱的市场结构得到部分改善。随着互联网、智能手机等新媒体的出现及崛起，改革开放以来由国际 4A 广告公司占据强势地位的稳固结构开始瓦解分裂，形成了几种演变路径：其一，由于互联网平台在广告市场中占据传播优势，广告主从传统媒体广告投放转向互联网广告投放，以资金优势实现"媒介购买"资源优势，并辅以强大的"创意能力"的传统广告公司利益空间被挤占，互联网平台以效果为目标的广告营销产品的开放成为主流，互联网公司的生存也极大地依赖广告营收，且很大一部分业务由互联网公司自主掌控。其二，中国互联网企业的运营模式和盈利模式相比全球互联网产业而言，有其相对独立的发展路径，为熟悉并适应中国互联网运营模式的一些本土广告公司提供了新的业务领域。这些本土广告公司在新的业务领域及细分市场，掌握有核心或先进的广告产品开发、投放或监测技术，提升自身广告业务的竞争力，成为在新生的互联网广告领域能够与跨国广告集团并存且合作的抗衡力量，也借此机会将在中国广告界的广告营销方式拓展至海外。其三，一些广告人和创意人瞄准互联网广告创意、设计、制作灵活快速的需求，以及互联网广告创意与传统媒体广告创意不尽相同的"创意话术"，纷纷创办"创意热店"，迎合新时代的创意时效和实效的需求。相比国际4A广告公司完成广告创意的庞大体系和复杂流程，"创意热店"更符合当下的营销需求，成为中国广告界一股引人关注的新生力量，创造了中国互联网广告产业模式下与4A共存，甚至更具灵动性和竞争力的新形态。

作为国际4A广告公司生存状态的缩影，扬·罗必凯（中国）的发展历程极具代表性。20世纪80年代，中国的改革开放如火如荼，为带动国内广告行业的发展，国家认为需要引进一家有代表性的顶级4A广告公司。于是由外经贸部出面，派出考察组前往美国考察。经过一番审慎的考量，当时被誉为"广告皇冠上的明珠"的扬·罗必凯广告成为外经贸部的首选。扬·罗必凯（Young&Rubicam）集团积极响应外经贸部的邀请，很快双方敲定外经贸部旗下的中国国际广告公司与扬·罗必凯广告合资成立电扬广告公司的事宜。作为第一家进入中国广告市场的国际4A广告公司，扬·罗必凯在中国广告史上具有划时代的意义。自1986年进入中国市场以来，扬·罗必凯享受了中国改革开放近20年经济飞速增长的市场红利，也不得不面对中国互联网产业发展后自媒体的快速崛起、创意热店、MCN等新形态，对传统广告业造成的猛烈冲击。2018年，扬·罗必凯相继关闭北京和广州办公室，进而与WPP旗下的VML合并成立全新的全球代理网络。在经历合资、收购、转型、合并等挽救市场表现的举措之后，2022年6月14日，扬·罗必凯（中国）最终注销了北京分公司。从此，扬·罗必凯（中国）合资公司正式退出中国广告市场的舞台，不禁令人唏嘘不已。

2. 广告主方面

广告主的结构调整主要体现在投放规模和行业分布上。从投放规模看，随着新媒体的出现，广告主有了直接面对消费者并与之进行沟通的机会，使得许多广告主广告的投放思路从最初的促进销售转变为构建品牌，赢得消费者对品牌的认知、认同和认可。这种思路的变化不仅促成了许多品牌广告模式的变化，如从单纯的硬广告投放转移至社交媒体上的"众包"与共创广告、制作植入品牌价值的微电影等，更使得品牌广告投放走向集中化。从行业分布看，虽然近年来媒体广告投放的主要行业较为固定，如日化、食品饮料、商业及服务性行业、药品等"大消费"行业，一直是传统广告投放市场的主力，交通、网络服务类、食品饮料等是互联网广告投放的主力，但随着新技术的应用和新媒体平台的出现，各行业广告投放的增长速率出现了分化。例如，食品饮料和服饰类两个行业在互联网平台的广告投放力度大幅增加。随着搜索引擎技术的不断完善，搜索引擎广告投放便捷、灵活、见效快、性价比高等特点日益凸显，我国数千万的中小企业加入了广告投放的队伍，这一"长尾市场"的开发无疑使得各行业内广告主的分布更为离散。

基于新媒体广告市场中广告主投放广告方式的解构，整合营销、大数据营销将成为主要的广告投放方式。现在广告主的广告投放思路已经从依靠单一媒体的广告投放，转移至跨媒体的整合营销传播。其中，以洞悉消费者新的媒介接触特征为核心的跨平台传播与跨媒体沟通，成为广告主关注和广告公司实践的重点，而如何针对社交网站、微博、视频网站、微信、App 等，近年来兴起的数字接触点，通过新的营销方式将之整合进广告投放的全媒体战略之中，将成为国际广告市场探索的重点。与此同时，广告主更加注重资金的投资回报率，广告投放行为的理性程度也进一步增强，促使精准营销更加受到广告主的青睐。而得益于近年来数据挖掘与分析技术的发展，大数据营销成为广告主的主要投放方式之一，同时也为中国广告产业国际化提供了发展方向。

二、数字媒体广告的激增为中国广告产业国际化发展带来新变革

随着云计算、5G 等技术的发展，传播媒介时刻发生着变革，大到社会的整体运行模式，小到消费者的日常生活，无不发生着变化。近年来，全球泛广告化以及智能广告的发展趋势逐渐明朗。数字媒体主导下的广告发展新局

面，为中国广告产业国际化发展带来了新的变革。处在变革之中，无论学界还是业界都面临巨大的挑战，在这种挑战的刺激下，奉创新为圭臬的广告行业在不断适应发展新模式，融入新的媒介环境，甚至创造新的势态。

《二十国集团数字经济发展与合作倡议》将数字经济定义为："以使用数字化的知识和信息作为关键生产要素、以现代信息网络作为重要载体、以信息通信技术的有效使用作为效率提升和经济结构优化的重要推动力的一系列经济活动。"[①] 由此不难看出，数字经济是全球化的重要组成部分，其注定将渗透到社会的各个角落，加速全球化进程。而作为市场经济"晴雨表"的广告，势必会随着经济的全球化、数字经济的发展趋势而不断发展。新的经济形势下，广告产业拥有了更丰富的发展路径，空间距离将被缩小甚至逐渐消解，中国广告国际化的步伐也将变得更加轻快。

（一）广告媒介方面

新媒体萌芽阶段，新的广告媒介初见端倪，随着数字媒体的发展，我们真正步入了"万物皆媒"的时代。相关数据显示，2020年，我国五大媒体广告市场规模达到8 729亿元，其中网络广告市场规模达7 666亿元，而在互联网广告市场中，移动广告规模达6 725亿元，占比87.7%[②]，由此可以看出，互联网广告增长势头正盛。而互联网广告之所以能在短时间内实现规模的迅速扩张，除了市场需求之外，一个主要原因是媒介的扩张。搜索引擎广告、原生广告、信息流广告，虽然出现时间不长但已经为人所熟知的广告形式，在新的媒介形式下取得了新的发展。当下，数字技术逐渐消解媒介的边界，广告正在向全景式、沉浸式的方向发展，在人的延伸中植入广告信息逐渐成为现实，广告也将从以往的显性状态向隐性状态过渡，这种媒介的延伸，无疑为我国广告产业国际化提供了新的广阔舞台。

中国互联网平台的出海是具有时代印记的跨国媒介运营事件。受当下媒介技术环境深刻变革的影响，媒介机构的跨国运营如火如荼地展开，不仅以美国为代表的国家通过技术领先的优势，和强吸引力的产品、服务加快了互联网产业的全球布局，中国互联网企业也通过个性化产品的研发和推广将目

---

① 中国网信网. 二十国集团数字经济发展与合作倡议［EB/OL］.（2016-09-29）［2020-06-04］. https://www.cac.gov.cn/2016-09/29/c_1119648520.htm.

② 国家统计局、中国广告协会公开数据整理。

标对准了广阔的国际市场。

1. 电商平台

电商平台较早开展跨境交易。对于纯粹的电商平台而言，为增加销量，商品交易离不开广告传播。阿里巴巴国际站（ICBU）成立于1999年，是国内最早开展跨境B2B出口贸易的电子商务平台之一，20多年在跨境交易、物流、收付款等关键环节的发展，使其在外贸行业面临新一轮全球疫情的不利影响下，仍凸显出一站式数字化外贸综合服务平台的优势。根据阿里巴巴财报数据，截至2022年3月31日的财政年度，阿里巴巴全球年度活跃消费者达到13.1亿人，年度净增1.77亿人，其中，中国市场消费者同比净增1.13亿人，海外消费者同比净增6 400万人。2022年，阿里巴巴国际站交易额同比增长46%，营收同比增长28%，收入结构上，相比传统互联网广告营销，供应链数字化增值服务收入同比增速达38%[①]。

随着国内市场的成熟，更多的电商平台开始瞄准国际市场，B2B市场上，Fobgoods着眼于助力中国的中小企业将中国制造的商品实现国际贸易业务的拓展和国际市场上的品牌推广等服务，平台流量主要来源于中国、欧美、日韩、俄罗斯等数十个发达与发展中国家，未来将开拓东南亚市场，涉及领域包括3C消费电子、服装/饰品、美妆/个护、汽车配件、家居百货、国际物流；B2C市场上，2022年9月，拼多多跨境电商平台拼多多海外版（Temu）在美国上线，迅速成为美国最受欢迎的安卓（Android）购物应用程序，9月17日，拼多多海外版在谷歌应用商店的购物应用中下载量排名第一，领先于亚马逊和希音，上线第二周美国市场下载量激增860%，美国成为拼多多海外版的最大市场，广告收入也成为拼多多海外版营业收入的重要组成部分[②]。

近些年，社交类短视频用户增长迅猛，也刺激了除电商平台之外更多的广告营销模式不断推陈出新，并充分体现在跨境广告业务上。以字节跳动旗下的短视频社交平台抖音海外版为例，利用短视频的业态优势做大做强平台是其海外营销的第一步，在2017年5月推出后，2018年8月与音乐类短视频社区应用（musical.ly）完成并购。在全球消费者娱乐应用支出加速增长的机

---

① 根据阿里巴巴集团披露的数据整理。
② 跨境黑马，马叔. Temu连续两周登顶！低价策略在美能否再次奏效［EB/OL］.（2022-11-24）［2022-12-16］. https：//www.sohu.com/a/609666114_121118996.

会中，利用受众对短视频的喜好，抖音和抖音海外版快速崛起。自2018年以来，抖音和TikTok连续3年蝉联全球娱乐应用下载榜冠军；2022年上半年，抖音和海外版抖音在全球苹果应用程序商店和谷歌应用程序商店获得约3.8亿次下载，是上半年全球下载量最高的应用①。2021年10月21日，字节跳动的抖音国际版官方发布公告宣布，其全球月跃用户数量已突破10亿大关。2022年7月，抖音及其海外版已超过6 900万下载量，蝉联全球移动应用（非游戏）下载榜冠军，较2021年7月增长13.2%。其中，抖音的下载量占16.6%，海外版抖音在巴基斯坦市场的下载量占比为7.9%②。这均反映出全球消费者碎片化、个性化和多元化需求使其在互联网娱乐产品选择上，视频类移动应用程序相对其他应用对跨语言的传播障碍较小，更容易被海外用户采用和接纳，视频类内部也产生了从长视频到短视频的消费转向，社交媒体除了满足互联网用户日常生活的社交沟通需求之外，复合型功能对用户选择也起到了极大影响，因此，其也成为广告主开展广告与营销活动的重要基石。

3. 广告收入

互联网企业从移动娱乐业中收获巨额利润。2021年，美国、中国和日本是全球移动娱乐收入最高的市场，分别占上半年总收入的31%、27%、17%，三个市场占全球总收入的75%，韩国、英国、加拿大各占2%，其他地区占19%③。根据商业情报分析机构发布的数据，在2019年，抖音和海外版抖音还处于榜单第九的位置，2020年快速跃升至第一；2021年上半年，抖音和海外版抖音应用内购收入超过9.2亿美元，同比增长74%，蝉联全球娱乐应用收入榜冠军④。而腾讯视频的排名持续下滑，从2019年的排名第二，2020年第三，2021年上半年下滑至第五。爱奇艺和优酷则从2019年排名第四、第五的位置，滑落至2020年第五、第十，2021年上半年，爱奇艺位列第六，优酷

---

① 数据来源于Sensor Tower。下载量数据仅统计App Store或Google Play账号首次安装，同一个账号在不同或相同设备的多次安装不重复统计。下载数据已合并同一个应用的多个版本，如Facebook和Facebook Lite。

② 根据抖音海外版官方披露的公开数据整理。

③ 数据来源于Sensor Tower。数据仅统计App Store和Google Play，不包括中国及其他地区第三方安卓市场；排行榜数据统计时段为2021年1月1日至6月24日。

④ 数据来源于Sensor Tower。Sensor Tower的收入预估不包括应用内广告，或者网约车、订餐、网购等通过第三方支付渠道产生的收入；税收和退款不在预估数据中体现。

则跌出前十①。印度、美国和巴西在 2021 年上半年下载量排名前三，分别占 19%、11%、9%。全球娱乐应用市场在流量和变现方面依然不均衡，可以预见未来在抢占新兴市场和开拓成熟市场方面仍存在激烈竞争，而中国互联网企业面对海外市场的竞争仍需做好战略规划。

广告收入是全球娱乐应用收入的重要来源。根据彭博社的数据，海外版抖音在 2022 年的广告收入接近 120 亿美元大关，在按美国用户花在社交网络上的时间排名中，海外版抖音牢牢占据领先地位。美国人每月在海外版抖音上花费约 30 小时，而在图片和视频分享社交平台和脸书上分别花费 8 小时和 16 小时。

和传统媒体一样，广告营业收入对所有的互联网企业都十分关键。尽管从形式到内容均发生了诸多变化，甚至有很多新兴互联网广告营销手段的归属问题，在行业和学界存在较大争议，但从促进产品销售和树立品牌效应两个角度看，仍与广告存在密切关联。事实上，互联网广告从直接效果方面更加直接且可追溯，增强了广告的变现能力，也备受广告主推崇，因而互联网企业都在试图从优化营销产品和提升增值服务等业务着手，着力提高广告营业收入，广告收入在企业营业收入中的比重也居高不下甚至节节攀升。

但在世界格局动荡不安，全球经济下行导致消费力快速萎缩等消极因素影响下，全球广告业遭遇巨大震荡，互联网广告产业也不可避免地受到影响。对中国互联网平台而言，不论是具备出海经验的还是出海新手，尽管从海外业务板块上形成了企业面向企业，企业面向终端客户的差异化，但也能清晰看到各平台之间在国内，以及在海外的广告市场都面临激烈的相互竞争，而在海外市场还面临来自亚马逊、推特等平台的挤压性竞争。例如，海外版抖音将中国市场的直播带货推广至海外，但海外"网红"带货效应相比国内存在更多的不可控性，因而推进速度并不理想，竞争对手也同样加快了对视频直播的布局，谷歌移动视频购物的研发项目被整合到搜索中，脸书收购了视频购物初创企业以建立和投资视频购物。亚马逊运行直播购物，加快了进军直播电商市场的计划，希望借此复制社交媒体竞争对手的成功，重振萎靡的在线销售。2020 年圣诞节前一周的周五，美国东部时间晚 8 点，海外版抖音

---

① 数据来源于 Sensor Tower。数据仅统计 App Store 和 Google Play，不包括中国及其他地区第三方安卓市场；排行榜数据统计时段为 2021 年 1 月 1 日至 6 月 24 日。

与沃尔玛首次尝试了直播带货服务。2022年亚马逊再次举办多场直播带货活动，希望吸引更多有影响力的"网红"加入该平台。这意味着在海外数字广告营销的场景下，由单纯平台内的商品展示、推广和销售，转而向文化性和娱乐性营销转型。非本土平台在文化、审美和价值方面的差异性必然导致竞争方面存在一定劣势，中国互联网平台未来的海外业务开展和海外广告营业收入也将迎接更艰难的挑战。

拓展阅读

海外版抖音与沃尔玛的联手直播带货

2020年圣诞节前一周的周五，美国东部时间晚8点，海外版抖音与沃尔玛首次尝试了活动主题为"Holiday Shop-Along Spectacular"的直播带货服务。在海外版抖音的沃尔玛个人主页上，米歇尔（Michael Le）4300万粉丝、安德森（Devan Anderson）320万粉丝、扎哈拉（Zahra Hashimee）280万粉丝和泰勒（Taylor）140万粉丝等10位海外版抖音顶级网红，以自己独特的方式如橱窗展示、秀台舞蹈等，展示了自己喜欢的沃尔玛时尚产品，进行了时长1小时的带货直播。冠军（Champion）、索菲亚牛仔裤（Jordache）、肯德尔+凯莉（Kendall+Kylie），以及沃尔玛旗下的"自由组装"（Free Assembly），索菲亚牛仔裤（SofiaJeans）等自有品牌的商品出现在沃尔玛的直播带货首秀中。

在直播中，消费者可以点击直播页面的商品图标将其添加到购物车中，或者直接点击屏幕中的购物车图标，选择商品下单购买。即便是未观看直播的观众，也可以在活动结束后，直接在海外版抖音上沃尔玛的个人页面中进行购物。据科技博客（TechCrunch）报道，这次合作更像是一次联合测试，海外版抖音并不会对营销收入进行分成，也没有任何费用。沃尔玛美国首席营销官威廉·怀特（William White）评价这次合作："活动期间，我们的观看次数比预期多了7倍，海外版抖音账户的关注者人数增加了25%。"

2021年3月11日，美国东部时间晚上9点，一场直播在沃尔玛的海外版抖音官方账号开启。相比前几个月的直播以才艺活动为主，这一次更倾向于带货，年仅19岁的海外版抖音网红加比·莫里森（Gabby Morrison）主持了这场直播活动，依次介绍了护肤、美妆、美发、服装等45款商品。用户点击屏幕左下角的购物车即可查看产品目录，点击"购买"则弹出沃尔玛电商网站的产品页面，驻留在海外版抖音直播间的同时，即可完成购买的全过程。

加比·莫里森（Gabby Morrison）在对产品进行讲解的同时，还与另一位在海外版抖音上拥有 550 万粉丝的美妆达人纳贝拉（Nabela）进行连线互动。

资料来源：根据 36 氪《沃尔玛宣布与 TikTok 合作直播带货，这是 TikTok 首次尝试销售商品》和王晓寒的《TikTok 直播电商渐入佳境？沃尔玛播 1 小时上架 45 款商品》等资料整理。

（二）广告公司方面

相较于新媒体发展初期，数字媒体背景下广告公司的组织构成形式更加丰富。传统广告公司在互联网场景下不断调整市场规划和运营模式，改善经营状况，获取新的发展机会和利润增长点。2019 年之前，伴随着经济全球化不断深入，中国品牌出海品类不断增加，中国品牌影响力不断提升。以服务中国企业出海过程中的产品销量提升和企业品牌打造与品牌效果实现为内容，把握全球广告产业数字化转型和中国互联网平台的出海脉络，中国广告企业将国际化战略作为企业突破自我、迎接未来的优先选择。

以中国广告企业蓝色光标集团为例，作为较早布局国际业务板块的中国广告企业之一，2013 年，蓝色光标集团提出了"数字化"和"国际化"的战略，随后又进一步完善，形成"营销智能化"和"业务全球化"，在北美、西欧、东南亚、"一带一路"沿线等市场搭建海外传播体系，打造覆盖全球的营销传播渠道，成为最具代表性的出海企业之一。2018 年底，蓝色光标在全球 30 余个城市建立了自己的分支机构，境外子公司收入近 28 亿元人民币。先后与脸书、谷歌等海外互联网企业，在技术、资源、营销渠道方面达成战略合作，并成为上述几家国际公司在中国的顶级合作伙伴，为客户提供一站式出海营销服务，包括海外市场洞察、品牌策略管理、全球达人营销、账户管理、广告优化以及粉丝运营等。2018 年，蓝色光标的出海业务营业收入达 121 亿元人民币。2019 年半年报数据显示，蓝色光标中国客户出海业务继续保持快速增长，营业收入 68.64 亿元，同比大增 30.14%；国际业务营收 14.62 亿元，同比增长 20.05%[①]。2010 年蓝色光标集团在创业板上市之后，通过投资、并购、入股等资本化运作手段，不断扩大集团经营规模，完善自身整合营销服务链条，并追赶新的营销趋势，向国际化、数字化布局转型，

---

① 根据蓝色光标集团披露的公开数据整理。

通过不断构建和优化，逐渐形成了集洞察设计、整合营销、大数据分析、智能投放、精准转化于一体的全链路综合服务体系，成功地在日新月异发展的广告行业占有了一席之地。

2022年5月，华泰研究对蓝色光标展开的证券研究报告显示，作为营销行业的全球龙头企业，2021年9月，蓝色光标完成国际业务出表，剥离商誉约18亿元，为公司带来充沛的现金储备。蓝色光标2021年营业收入400.78亿元，其中，出海广告投放业务是核心驱动点，2021年出海业务营业收入283.93亿元，同比增长16.30%，营业收入占比为70.84%，出海业务毛利率持续提高。从拥有的媒体资源和客户资源看，蓝色光标是国内唯一拥有谷歌、推特等全球十六大媒体平台官方授权的代理商。2019年，蓝色光标推出"鲁班跨境通"，打通长尾海外市场，绑定大量优质客户，带动客户黏性提升。2021年，蓝色光标全面推进元宇宙业务，成立全资子公司"蓝色宇宙数字科技有限公司"，从人、货、场三条赛道进行布局：人，打造头部企业品牌代言虚拟人，推出自由IP虚拟人"苏小妹"和"K"，提供低成本、高效率、超写真的真人数字分身解决方案，同时，联合阿里达摩院打造虚拟直播间，与真人主播有效互补；货，已上线数字藏品发行平台，探索新兴营销方式；场，在虚拟空间领域联手百度希壤和当红齐天，扩展现实（XR）影棚正式启动，实现线上、线下双驱动[1]。

纵观成立至今蓝色光标集团的出海之路，不难发现，蓝色光标一直遵循"双重国际化"模式：一是专注于自身建设，通过投资、并购和成立子公司，实现集团自身的国际化；二是帮助合作伙伴开展国际化运营，帮助中国客户走出去，吸引外国客户走进来。在"双重国际化"思路的指引下，蓝色光标集团不仅实现了本身规模的扩张和发展，而且助力中国企业、中国广告业走向世界。蓝色光标集团的发展经验为本土广告公司成长、出海提供了借鉴先例，同时也为中国广告国际化贡献了巨大力量。从某种程度看，这与早期跨国4A广告公司进入中国市场的思路和路径有很大的相似之处，即与产品、品牌和媒介形成相对闭合的产业链联盟，共谋海外发展之路。在走出去的过程中也反复面对这样的问题：如何适应国际市场？如何助力中国产品、品牌和企业打造真正的全球品牌？如何突破文化、价值、观念和消费习惯等差异，

---

[1] 朱珺，周钊. 出海营销方兴未艾，元宇宙布局推进[N]. 华泰证券研报，2022-05-16.

与全世界的消费者建立有效情感纽带？如何适应风云突变的政治、技术、贸易等环境？如何适应美国、欧洲、东南亚等不同市场？如何打造中国广告企业和中国广告产业品牌与联盟？根据蓝色光标公布的信息，它与腾讯在游戏、动漫、阅文等层面建立了深入合作，同时，在作为元宇宙入口的虚拟人业务领域也有较深入合作。中国互联网企业在未来场景搭建和产品研发方面加深合作，或将成为未来跨境竞争更强大的一股力量。

蓝色光标海外发展大事记

1996年，蓝色光标成立。

2005年，蓝色光标服务网络覆盖中国24个城市。

2007年，蓝色光标跻身霍尔姆斯报告全球公共公司250强。

2010年2月26日，蓝色光标于深圳证券交易所上市，股票代码300058。

2011年，收购思恩客、精准阳光品牌，收购美广互动；投资新加坡最大的财经公关公司、亚洲顶级投资者关系品牌Financial PR。

2012年，收购今久公共公司；在霍尔姆斯报告中跃居亚洲最大、全球排名第24位的公共公司。

2013年，提出了"数字化"和"国际化"的核心战略，通过一系列投资并购，拥有了多家海外子公司；收购全球最大的社会化媒体传播公司We Are Social。

2014年，收购全球顶级设计公司Fuse project；收购加拿大最大的独立综合广告传播公司Vision 7；收购香港最大的独立广告公司Metta；投资入股本土广告创意热店天与空；集团旗下的蓝标国际海外总部在美国硅谷投入运营。

2015年，蓝色光标成立国际事业群组，在硅谷创建蓝标国际总部并投入运营；同年收购多盟、亿动；成为中国移动广告第一代理机构；霍尔姆斯报告全球公共公司排名第14位。

2016年，进一步明确将把"营销智能化"和"业务全球化"作为集团的长期发展战略；位列全球广告营销机构Warc100"全球最佳控股公司"第8位。

2017年，首次登上《财富》中国500强，是唯一进入榜单的营销传播企业；霍尔姆斯报告全球公共公司排名第9位；同年在广告创意产出上表现优秀，在第64届戛纳国际创意节上斩获2金4银4铜共10座狮子。

2018年，投资金融科技公司深圳众赢科技公司；与卡拉合作建立昆仑堂大数据研究院。

2019年,《财富》中国500强第338位。霍尔姆斯报告全球公共公司排名依然为第9位。全球广告营销机构Warc100"全球最佳控股公司"第9位。国际业务连续4年营业收入保持两位数增长,在北美、西欧等市场已经形成初见成效的业务格局,为众多全球500强品牌以及出海的中国品牌提供国际化传播服务,并与国内业务形成协同效应。与美国纽交所上市公司Legacy Acquisition Corp(股票代码:LGC)签订最终协定,拟将蓝色光标集团旗下四家全资控股公司(Vision 7、We Are Social、Fuse project、Metta)的全部股权,以及蓝色光标所持有控股公司亿动广告传媒(MadhouseInc)81.91%的股权注入Legacy。交易正式完成后,更名为飞跃之蓝(BlueImpact)并继续在纽交所交易,蓝色光标将获得美国上市公司定向增发的3 000万股股票,合计3亿美元,约44.4%的股权,成为单一的最大股东。通过此次交易,蓝色光标拥有一个海外融资平台。

2020年,投资海南云兔,布局免税经济;霍尔姆斯报告全球公共公司排名第8位;全球广告营销机构Warc100"全球最佳控股公司"第9位。

2021年,开始布局元宇宙业务,成立蓝色宇宙全资子公司;国际业务引进战略投资者。

2022年,在元宇宙布局上,发布数字虚拟人"苏小妹"和"K",开启虚拟IP业务的全新布局;推出"分身有术"数字虚拟人驱动平台;搭建蓝宇宙虚拟空间;构建数字藏品发行平台MEME;搭建BLUEBOX×R Studios虚拟影棚。

资料来源:蓝色光标集团官网. https://www.bluefocusgroup.com.

在技术的加持下,智能媒体逐渐进入生活的各方面,广告行业也不例外。除了传统的广告代理公司之外,大批互联网公司进军广告行业。近年来,凭借技术、数据、流量等优势,阿里巴巴、百度、腾讯、京东等公司纷纷瞄准智媒市场,都拥有了自己的"广告机器人"。2015年,阿里巴巴研发的"鲁班"操作系统在"双十一"期间,制作并投放了4亿张针对不同用户定制的个性化海报,意味着人工智能开始重构广告体系。如今,"阿里妈妈""李白写诗""莎士比亚"等系统已经成熟,并且运用于电商广告的创作中,人工智能以其海量的知识存储以及高速的运算和"创作"能力,在某些方面"完胜"人类。在智媒广告创作领域，中国已经走在了世界的前列，国外的智能媒体虽然兴起较早，但多年来仍然主要应用于新闻而非广告领域。因此，智媒广告创作作为我国广告技术的一大飞跃，无疑对于我国广告产业国际化具有重要意义，批量化、自动化、智能化的智能媒体有助于打破文化壁垒，推动我国广告产业进一步向国际化迈进，甚至在全球范围内重构广告体系。

（三）广告主方面

在动荡的世界中仍然要坚持全球化运营的思路。2017年发布的世界品牌500强榜单中，中国品牌上榜的数量由2016年的31个增加到了36个；"出海"成为热门话题，越来越多的互联网公司及创投基金开始孵化位于东南亚等地的海外项目；推特（Twitter）平台上来自中国的广告主数量在过去一年增加了300%以上；2016年，华为推出的圣诞广告广受欢迎，在YouTube平台上的播放量达到3 000万次以上。这些都说明中国企业已经步入全球化运营的轨道，而广告营销也必然将搭乘这一东风，迎来大国广告和大国营销的时代。

上文提到数字经济迅猛发展，企业的数字化转型成为大势所趋，相应的，广告主对于数字经济以及数字媒体的认识进一步加深。在数字广告领域，直播和短视频营销是当下广告主最关注的部分。直播和短视频作为当下"带货"的利器，具有信息密度高、互动性强的特点，能充分抓住用户的碎片时间，以达到预期收益，因而成为广告主关注的热点。除此之外，内容营销、关系营销也逐渐被广告主接受，为数字广告进一步发展提供了新的开拓路径。数字平台和中国商品的联合成为中国互联网经济出海的特质之一，"中国商家的出海，当前和接下来要解决的核心问题，不只是商机的获取。服务就是增长力、未来的突破口，我们要帮助更广阔的商家，为他们提供一站式的B2B服务"①。阿里巴巴国际站总裁张阔表示，数字外贸正在走向高质量时代。

全球经济遭遇冲击，为中国商家外贸出口带来诸多不确定性。跨境物流成本增长、国际市场动荡、通货膨胀等因素，使得跨境外贸面临不小的压力。阿里巴巴国际站推出"数字化出海口计划"，开放沉淀多年的数字化外贸服务能力，用确定性的数字化产品和服务，帮助中小商家更好地应对不确定性的挑战。

---

① 出海易. 阿里国际站升级平台措施，外贸高质量增长进入"服务"竞争阶段[EB/OL].(2023-09-16)[2023-10-03]. https://chuhaiyi.baidu.com/news/detail/49546610.

（四）在物流服务方面

面向所有跨境中小企业，全面开放阿里巴巴国际站物流服务能力，即使非国际站会员，也能随时享受国际站的物流服务。

（五）在资金服务方面

正式推出资金服务的阿里巴巴国际站支付服务，切实解决跨境收款等外贸商家难点问题，人民币提现一般4小时即可到账。这一服务同样面向所有外贸商家开放。

业内人士分析认为，除了中国出口的宏观增长趋势，全链路一站式数字化外贸解决方案的推出，促使阿里巴巴国际站平台的商家及海外买家的服务深度与链路变长。同时，向综合外贸服务的升级，也促进了增值服务收入成为阿里巴巴国际站整体收入结构中增长最快的部分。阿里巴巴财报里国际站营业收入结构的变化，意味着阿里巴巴国际站从撮合交易到数字外贸全链路服务平台的升级转型进入加速期，为中小商家跨境贸易提供了进一步的增长空间。

在数字广告占据极大市场份额的现今，网络安全、数据安全也逐渐成为行业关注的领域。2017年6月1日，《网络安全法》生效，明确规定要维护"网络空间主权"。2018年1月1日，《中华人民共和国反不正当竞争法》正式实施。该法对互联网广告行业存在的虚假宣传、商业诋毁、插入链接强制目标跳转等不正当竞争行为进行了明确界定和规制，细化了法律责任，强化了对互联网广告行业不正当竞争行为的监管和查处。2020年7月6日，《中华人民共和国数据安全法（草案）》公布，向社会公开征求意见，意味着我国网络空间将进入"法治时代"。2021年9月1日，《数据安全法》正式实施，是促进数字经济健康发展的重要举措。2021年11月1日，《中华人民共和国个人信息保护法》开始施行，法律明确规定不得过度收集个人信息、大数据杀熟等。在数字竞争已经成为国际竞争的重要领域的背景下，数字鸿沟仍然横亘，并且由于各国经济社会发展以及基础设施建设状况不同，数字鸿沟在短时间内可能难以弥合。

国外信息安全和隐私保护实践研究相对较早，美国1966年《信息自由法》、1974年《隐私权法》，以及2018年欧盟《通用数据保护条例》（GDPR），均着眼于隐私和数据安全。2019年欧盟《网络安全法案》和2020

年白宫《人工智能应用监管指南备忘录（草案）》，均强调对人工智能技术产业实施包容审慎、适度弹性的监管模式，为人工智能广告产业发展与监管定下基调。

目前全世界互联网立法深度、侧重点不同，网络霸权依然存在，给中国数字广告产业的快速发展带来了极大的挑战。近年来，中国媒介、品牌、产品全球化发展与其他国家或地区法治规则的碰撞冲突，显示数据和算法环境下，全球广告监管和法治研究稍显不足，未能对海外实践给予充分指导和支持。相关研究和实践可从三个方面展开：一是系统审视。全面审视与建构全球数字智能广告发展新视阈下，政府/企业机构/个人的完全卷入，数据和算法引发权力利益分配，立法监管及社会经济文化运转机制重构，监管工具创新，等等。二是全域研究。将数字智能广告监管突破囿于一隅的单一国家或地区行政管理，置于全球数字产业链系统，实现数字权力全域规制。三是现实观照。以监管促产业发展的立场，推动达成对个体用户、企业、政府、国家，及全球数字生态建构从广度到纵深的全面观照。

应特别关注全球数字智能广告监管的实践与研究，结合社会体制、经济文化与产业发展等因素，对比分析全球数字智能广告政策法规、监管体系及实践效能。具体可从四个方面展开：一是全球数字智能广告立法研究。对比欧盟《通用数据保护条例》（GDPR）、《数字服务法》（DSA）、美国《加州消费者隐私法案》（CCPA）、《中华人民共和国广告法》、《互联网广告管理暂行办法》等，成文法和不成文法的立法背景、部门条例或规章、判例、趋势等，研判影响立法的因素、立法策略、政策法规。对产业的规制，及其与社会环境的互动影响。二是监管权与监管体系比较研究。系统梳理各国数字智能广告监管权力体系、职责、监管行为模式，及其监管实践效能、重点事件研判等。例如，欧盟永久性网络安全机构欧盟网络和信息安全署（ENISA）监管职能，法国视听委员会（CSA）竞争、消费和反欺诈总局（DGCCRF），及卫生安全和健康产品委员会（AFSSPR）广告行政监管分权模式。三是全球数字智能广告自律研究。通过梳理全球数字智能广告知识产权、用户隐私保护等方面的自律体系、规则与重点事件，讨论全球数据及广告自律的差异性、监管与自律的关系。例如，谷歌广告偏好管理器（Ad Preference Manager）监管工具、脸书用户泄露事件等。四是全球监管下的智能广告产业竞争研究。从技术、理念、话语权角度统筹协调，关注海外数字智能规则话语对我国广告产业全球竞争造成的压力和可能带来的竞争风险，例如，TikTok全球业务遇到的冲突阻碍等，提出应对思路与举措。

相关法律的制定及中国在国际数字领域争取的话语权，将为国家数字安全保驾护航，有利于充分发挥数据的基础资源作用和创新引擎作用，不仅为数字广告在国内的发展提供了法律依据，也为数字广告国际化发展提供了法律保障。

第四章
中国广告产业国际化发展历程

由于各种原因,中国广告业真正意义上的起步是在党的十一届三中全会之后,有学者将其分为4个阶段,即复苏期(1979—1981年)、调整与发展期(1982—1993年)、规范化管理运作期(1993—2002年)、整合期(2002年以来)[①]。

中国的对外贸易政策为:以保护为主,实现被动与循序渐进的贸易自由化。40多年的对外贸易政策演进呈现4个阶段,4个阶段与中国整体的改革开放理念和环境相一致:第一,1978—1992年,改革坚持的是"有计划的商品经济",贸易政策以出口创汇为压倒一切的目标,进口保护严厉,走私严重。第二,1992—2001年,市场化制度转型目标确定初期,贸易政策是有限的贸易自由化,以保护为主。第三,2001—2008年,加入WTO并履行承诺阶段,贸易政策的基调是公平贸易与保护并行。但此阶段前期是公平贸易理念占上风,后期则是保护主义抬头。第四,2008年至今,金融危机的后危机阶

---

① 陈培爱. 台湾广告业的国际化历程对中国大陆本土广告公司的启示 [J]. 广告大观(综合版),2007(3):30-32.

段,贸易政策在调整,基调似乎有些混乱①。

整个中国市场的发展经历了一个从简单到复杂,线性前进的过程,可以分为三个阶段:第一,1997年以前,是短缺经济时代,中国市场最主要的还是产品经济,企业的营销重点主要在产品的生产。第二,1997—2006年,企业营销的重点是终端渠道,整个中国市场从短缺型经济转到过剩型经济,怎样把产品卖出去对企业是最重要的。第三,2006年以后,中国市场随着产品严重同质化和渠道的成熟,品牌成为企业的核心竞争力。不同阶段企业营销传播的任务是不一样的。第一阶段,中国企业做广告就足够了;第二阶段,可以叫作广告为主、公关为辅的阶段,终端是企业营销的重点,但广告和公关组合的意义开始越来越重要,企业需要对消费者产生更多的影响,让消费者购买自己的产品;第三阶段,企业对品牌的需求真正凸显出来,品牌成为企业生存唯一不可替代的资产②。

美国广告学者麦克夸肯认为:"广告通过意义传递把消费品和属于文化范围的世界带到了一起。广告公司的创造人员追求的是让观众/读者一看便能发现二者(消费品和文化)之间有共同的一些属于文化范围的特征,这些特征可以归属到广告所代表的消费品上去。……这样,从文化到商品之间的特征转引便完成了。"③

第一节 中国广告产业国际化发展的阶段划分

中华人民共和国成立以前,广告随着商业的发展萌生并活跃于社会生活之中。1840年鸦片战争以后,西方文化和传播技术的传入,使中国近代广告开始打破原有的封闭状态,在广告活动上逐渐引进了一些国外先进的方法、手段和技术。中国近代广告最大的突破或称最突出的特征,是印刷媒介和电子媒介的引入,即报纸和广播电台的出现,在客观上扩大了广告传播的内容

---

① 赵伟. 中国对外贸易40年:政策回顾与展望[J]. 世界经济研究, 2019 (2): 29-36.
② 陈刚, 王禹媚. 新兴市场、共时性竞争与整合营销传播:整合营销传播在中国市场的发展状况研究[J]. 广告大观(理论版), 2009 (1): 7-15.
③ MCCRACKEN G. Culture & consumption [M]. Bloomington: Indiana University Press, 1990: 77.

和活动领域。19世纪初叶，出现了用欧式活字印刷而成的华文书报。1834年，英国传教士马礼逊招来刻工，派助手米怜前往马六甲创办印刷所，用欧式印刷技术印制华文书刊。

辛亥革命后，全国商业报刊的大发展，促进了报纸广告的兴盛。近代中国拥有了报纸广告、广播广告、霓虹灯广告等现代广告形式。以上海为例，1946年成立了"上海市广告商业同业会"，会员有90家。在20世纪两次大规模的犹太人移民到上海后，曾经在上海"开办一家电台，办了包括6种语言的20种报纸"，推动了当时中国传播业的发展。总体而言，中华人民共和国成立之前的广告未形成产业，且在国际交往中处于被动的地位，受制于西方国家的影响和掌控。

一、动荡中的中国广告产业与浅尝辄止的国际交往阶段（1949—1978年）

中华人民共和国成立初期，我国与国际广告界仍保持交往。例如，1957年，商业部派观察员赴布拉格参加由13个国家参加的国际广告工作者会议。这是中华人民共和国成立之后政府第一次与外国广告界的业务接触。1958年，商业部在北京组织介绍国际广告会议情况，介绍了国外广告业的发展现状，并对我国的广告业发展进行了讨论。此次会议最突出的成就是归纳出我国社会主义广告的特点，即"政策性、思想性、真实性、艺术性"。

在广告停滞阶段（1966—1978年），我国与国际广告界的接触交往几乎断绝，从而导致在国外广告理论大创新和广告实务大发展时，我国的广告理论研究和广告活动基本上完全停止。

二、被动的专业化恢复阶段（1978—1991年）

1978—1991年，为我国广告业的起步阶段，整体经济环境从商品经济开始逐步向市场经济转变，本土广告公司开启专业化进程。1978年，党的十一届三中全会后，我国恢复商品经济，第二年广告业开始复苏，中国的广告理论和广告活动进入了真正的发展时期。1979年，中国国内第一家专业广告杂志《中国广告》在上海问世，杂志由上海市广告装潢公司主办，面向国内外公开发行。中国广告市场进入了迅速发展和高速成长阶段。中国从基本没有广告，到完成广告经营额1 078亿元（2003年），成为世界第六大广告市场的广告业大国。

1979年11月，中共中央宣传部下发《关于报刊、广播、电视台刊登和播放外国商品广告的通知》，允许外国商品在报纸、广播、电视等大众媒体发布广告。该通知在一定程度上肯定了广告的存在价值以及国际广告进入中国的可能性。

随着中国广告行业的发展和逐渐开放，跨国广告公司开始不断入驻中国市场。跨国广告公司的主要服务对象为其他国际公司，存在形式以事务所为主，提供策划方面的意见，其余制作内容交由本土广告公司。1986年，国务院颁布了《关于鼓励外商投资的规定》，其中规定外企在华的广告业务必须由有资质的中国本土广告公司代理。同年北京电扬广告公司成立，标志着跨国广告公司开始正式进入中国市场。跨国广告公司主要以合资渗透的方式获得中国市场的准入权，进而逐步进入中国市场。由于起步较晚且专业化程度不足，在资本运作环境中，这一时期中国本土广告公司处于被动地位。

三、主动试探的市场化与国际化参与阶段（1992—2000年）

1992年，邓小平发表南方谈话后，中国广告行业进入迅猛上升期。与此同时，伴随我国市场经济的持续壮大，为激励我国广告业的发展，政府规范了媒体行业竞争机制，逐步放宽了广告业的运营权，广告行业开始有条件地主动对外开放。尽管广告服务行业属于限制外商类行业，根据《外商投资产业指导目录》的规定，外资可以进入但不能控股，但这一时期外商企业与我国本土公司合资的广告公司纷纷出现。中国广告产业在这一时期开始迅速发展，市场份额激增。

1993年，国家工商行政管理局和国家计划委员会联合出台《关于加快广告业发展的规划纲要》，对我国广告业的发展进行了具体规划。1994年11月，国家工商行政管理局和对外贸易经济合作部联合出台《关于设立外商投资广告企业的若干规定》，允许外商企业在中国合资开设分支机构，有力推动了私营公司和外商合资企业的数量迅速增长。《广告法》的出台实行，进一步完善了中国广告市场的行业规范，促进了广告业的市场化和正规化。之后，以日本电通为代表的跨国广告集团陆续在中国设立分支机构。

这一阶段，进入中国广告市场的外资公司数量递增，国内广告市场逐步同世界广告市场接轨，并在全球广告市场中占有了一席之地。但是从整体看，这一时期的本土广告公司多选择与外资合营,主动参与的意识不断增强,但国际单独力量相对较弱,外资投资企业增长势头迅猛,仅在1998年至2001年,外商企业营业额实现了翻一番,我国广告产业仍然处于国际竞争的被动地位。

四、初显力量抗衡阶段(2001—2004年)

学者赵伟认为,全球价值链形成于20世纪90年代。2017年,世界银行研究报告显示,2000年,全球价值链由两个彼此稍有分立的网络构成,分别位于欧洲和亚太。其中,亚太的价值链组合与转换核心是美国,欧洲的核心是德国。所谓价值链组合与转换核心,就是从多国进口中间产品,再进行加工组装后出口。中国位于亚太价值链的边缘,通过中国台湾和韩国挤进了全球价值链[①]。

2001年,中国正式加入世界贸易组织,意味着中国市场对世界的进一步放开,跨国广告公司可以控股广告公司。同年,以北京电通为首的合资公司开始推行"零代理"制度,对我国本土广告公司产生很大的冲击。这一阶段是跨国广告公司在我国市场扩张的阶段。其服务对象开始从服务国际公司转向拓展本土品牌,跨国广告公司和本土广告公司"井水不犯河水"的局面被打破。依靠"零代理"、充足的资本及完善的技术,跨国广告公司借WTO东风迅速完成了中国市场的扩张布局。这一时期本土广告公司也开始发力,通过上市、募资等方式赢取资本,借助资本运作实现业务规模的最大化。

中国加入世界贸易组织后,广告行业进一步对外开放。阳狮、宏盟、电通、WPP集团、埃培智(IPG)等全球性的传播集团逐渐深度介入中国市场。同时,国内广告公司开始壮大,我国广告行业进入资本运营和集团化竞争时期,中国广告市场在全球广告市场中的地位越来越高。全球五大跨国广告集团以北京、上海、广州等一线城市为入驻中国广告市场的突破点,再以二三线城市为目标逐渐扩张。在这个过程中,跨国广告公司为了在国内市场立足并长期发展,进行了一系列与本土公司合资或并购的市场行为,以寻求合适的合作对象,扩大规模效应,发挥本土公司在国内市场的资源优势。尤其在2005年,WTO相关市场规则的实施,促使我国市场的行政规制全面放宽,各

---

① 赵伟.中国对外贸易40年:政策回顾与展望[J].世界经济研究,2019(2):29-36.

跨国公司带着巨额资本涌入我国市场，资本的兼并收购行为促进了广告业与其他相关行业的融合，改变了中国广告市场的结构。

这一时期外资广告公司本土化和国内本土广告公司探索自强并行，双方的力量相互抗衡。

五、集团化竞争阶段（2005—2010年）

2005年，中国已经作为东亚价值链的组合核心初露头角。其间亚太价值链网络分化，形成了东亚价值链网络，中国位于这个网络的核心地位。这样，全球三大价值链网络与三个核心的格局初露端倪。其中，德国是欧洲价值链的组合核心，美国是北美价值链的核心，中国则成为东亚价值链的核心[①]。

中国越来越深入地在全球经济和国际贸易中发挥作用。自2005年12月10日起，外资不得成立独资广告公司的限制被取消，跨国广告公司不再需要依靠与"官方指定"广告公司的合资，维持在中国市场的占有率。意味着新一轮的并购重组开始，世界全球化的脚步加快。并购过程不仅是跨国广告公司针对中小规模中国本土广告公司的并购重组，也有整个世界范围内的传播产业并购重组。广告代理公司及下游的媒介购买、数字营销、公关公司都卷入全球化、集团化浪潮。借助资本的力量，部分中国本土广告公司逐渐发展成为具有开展国际化业务实力的大型企业，有步骤地进行海外扩张，中国广告公司逐步走向世界。

外资的引入激发了中国广告市场的发展活力，广告支出、营业额不断上涨，提升了中国广告产业在国际广告市场中的地位和影响力。对于全球的广告主来说，中国广告市场具有极其重要的战略资源，中国的经济力量和文化影响力正在快速崛起，许多国际性广告巨头早已通过并购或者联盟的方式投资中国广告，加入中国广告市场的竞争行列，希望从中国的快速发展中分一杯羹。例如，英国WPP集团、法国阳狮集团、美国的埃培智广告公司和电通安吉斯集团等，皆在中国建立起数字广告业务部。这些国际广告公司的加入，一方面带来了资金和国际资源，推动了中国广告市场的壮大，至2012年底，中国已经发展成为全球第二大广告市场；另一方面，跨国广告公司也将优秀的广告技术、公司管理和产业运营的经验带入国内广告市场，为中国广告的

---

① 赵伟. 中国对外贸易40年：政策回顾与展望[J]. 世界经济研究，2019（2）：29-36.

发展注入了活力。国际广告公司在中国广告市场的成功发展，给予中国广告产业"走出去"的动力和经验，华为、小米等中国产品在欧洲市场甚至在全球市场的占有率逐年攀升，不断扩大的中国广告产业在国际广告市场的影响力，促进了中国广告产业的全球化发展进程。

这个阶段中国广告业经历了由被动到主动，由保守弱小向集团化、规模化、国际化方向不断发展的过程。资本结构、组织形态、服务模式、人才水平伴随这个过程不断变化。在与跨国资本的竞争博弈中，中国广告业为自己闯出了一条曲折发展之路。

六、与互联网平台携手出海的数字广告国际化（2011年至今）

2011年，中国在外国价值利用与组合规模上超越了美国和德国，成为全球价值链三大核心之首。国际贸易极大地扩大了中国的市场范围，把中国带入了全球价值链的核心地位，促进了中国各个行业的专业化分工，加速了财富的快速增长，使数亿人摆脱了赤贫境地。中国相对于日本赶超美国的规模变化，以及中国在全球价值链中地位的迅速上升，成为中国对外贸易最值得关注的成就[1]。

从媒介技术和广告场景的变化看，2010年前后，随着智能手机在中国的出现及普及，移动端逐渐代替PC端成为互联网访问流量的主要入口。国内互联网公司迎来了迅猛发展的新时代，随着媒介改变的还有广告形式及广告主体。在此背景之下，传统广告代理公司的光环逐渐暗淡，随之走上数字广告舞台中央的是各大互联网企业。截至2019年第四季度，全球数字广告市场份额已经过半，达到52%；2020年又出现了猛烈增长，达到了59%[2]。我国数字广告渗透率高居主要国家第一位，2023年达到80%以上[3]。数字广告收入逐年增长至超过广告产值一半份额的背后，是中国互联网企业的不断国际化。

由于互联网本身就是全球化的产物，国内各大互联网企业在创始之初就

---

[1] 赵伟. 中国对外贸易40年：政策回顾与展望[J]. 世界经济研究，2019（2）：29-36.

[2] MAGNA. Global advertising forecast[EB/OL].（2020-12-09）[2020-12-30]. https://www.digitaling.com/articles/381192.html，2020；12.

[3] 腾讯研究院. 正确认识数字广告的经济社会价值[EB/OL].（2023-11-29）[2023-12-01]. https://view.inews.qq.com/k/20231129A08EX800?no-redirect=1&web_channel=wap&openApp=false.

不曾把市场局限于中国，而是纷纷将眼光投向海外。国内互联网三巨头百度、阿里巴巴、腾讯在各自成立之初，已经进行了海外市场的探索。阿里巴巴在成立的第二年（2000年）就积极筹备海外办事处，努力推进公司实现国际化发展；百度于2006年开启国际化探索，第一步即把目光投向日本，在日本上线百度日本搜索；腾讯也于2005年开始布局海外市场，在美国、欧洲、越南等东南亚国家设置据点。但由于网络环境尚未成熟，国内经济实力不够强大，国外互联网公司大肆开拓中国市场，以至于国内公司无力招架，公司本身发展尚不成熟，等等，国内互联网三巨头最初出海的尝试均以失败告终。

在不断摸索下，各大互联网公司逐渐找到了自己的出海之路。腾讯通过社交、游戏等板块打开海外市场。2015年前后，以字节跳动为代表的新一批互联网企业迅速发展起来。随着我国综合国力的增强，数字媒体的不断发展，全球化的深入，加之以互联网三巨头的出海经验为借鉴，新兴企业迅速根据自身优势和特色找到其特有的出海路径。字节跳动旗下的TikTok在海外的影响力有目共睹，截至2022年9月，TikTok在全球总下载量超过34亿次，月活跃用户超过10亿，跻身10亿MAU俱乐部行列，成为全球用户规模前5的社交应用，TikTok for Bussiness借助短视频的高黏性用户，将多种广告形式与品牌合作相结合，为出海品牌提供了更多的可能性；京东、美团、快手也纷纷通过自己的方式步入国际化市场；阿里巴巴和拼多多将电商作为出海的倚重，拼多多的跨境电商业务以其超乎预期的增速，成功进驻美国、加拿大、澳大利亚、英国、法国、日本、韩国、菲律宾、马来西亚等40余个国家。由此，互联网企业出海为数字广告的发展带来的影响可见一斑。

除了传统意义上的互联网企业之外，智能手机终端领域的广告竞争也是全球数字广告国际化竞争的重要一环。智能手机作为当下主要流量入口，对于数据的把控不容小觑。近年来，国内华为、小米等手机品牌加大对海外市场的争取力度，相关数据显示，2022年，全球智能手机品牌出货量前十位中，中国手机品牌小米、荣耀、华为均榜上有名，且随着技术的发展以及亚非拉国家市场的进一步开拓，小米、荣耀等品牌的全球市场占有率不断提升。移动设备的出海也为数字广告的国际化提供了媒介条件。作为中国智能手机终端的代表性品牌，2019年，华为上线了一站式流量变现服务平台，从以商业应用广告曝光的投放平台，实现开发者流量变现和广告主广告分发和获客，逐渐演进成具备智能化全场景应用的营销平台，广告营业收入成为华为总营业收入中持续增长的部分。2020年1月，华为一站式流量变现服务平台首次出海后，快速成长为全球广告高请求量和行业高覆盖的广告平台，为中国品牌在全球范围内的广告传播提供了更广泛的平台和机会。

显然，这个时期的国际化更多地带着"创新"的标签。互联网企业深刻洞察着营销环境每一分的变化，敏锐且快速地调整自己的运作模式和操作行为。它们更多地从产业和市场的整体出发，将企业的自身发展嵌入宏观经济的框架之中，通过推动宏观经济框架在全球范围内扎实稳定地运行并获取收益的同时，赢得自身发展的机会与利益。伴随着以消费驱动为代表的新型经济形态的崛起，企业越来越多地从技术、产品和价值方面不断突破，为品牌赋予新鲜的创新内涵，通过新的营销方式获取市场的认可和接受。互联网平台的国际化发展也为这些具有创新价值的品牌的国际传播，提供了更为直接有效的渠道和转化路径，二者在相互依存和相互助力中不断推进广告市场的全球化进程。

伴随着中国互联网企业出海，数字广告国际化的进程加快。在当下以虚拟技术和人工智能技术为代表的新一轮科技革命浪潮下，中国数字经济规模已跃居世界前列，数字企业数量领跑全球，以互联网平台经济为代表的新动能为产业升级不断赋能。在数字经济不断发展的背景下，作为数字技术发展和输出的前沿阵地，中国互联网企业的国际化与我国数字广告国际化仍需并肩前行，共拓发展之道路。

第二节　中国广告产业国际化发展的资本结构变迁

随着市场的发展，中国广告产业资本结构经历了从无外资参与到中外合资，再到外商独资、外商控股进入中国市场，发展到如今股权成分多元化的丰富的广告资本结构形式（见图4-1）。

无外资参与 → 中外合资 → 外商独资 外商控股 → 股权成分多元化

图4-1　中国广告产业资本结构变化

一、无外资参与

1949年中华人民共和国成立后,政府对私营广告业进行了初步的整顿。在社会主义改造和全面建设时期,在对资本主义工商业进行社会主义改造的过程中,国家对广告行业也实行了全面的公私合营,把分散的各自经营的私营广告公司改造成为具有一定规模的公私合营的广告公司。例如,北京市的广告公司改组为在市文化局领导下的北京市美术公司;天津市的广告公司改组为在市文化局领导下的天津美术设计公司;广州市文化局成立广州市第一家国营广告企业——广州美术装饰公司;上海市对原有的广告社进行调整合并,组成了由上海市商业局领导的中国广告公司上海分公司,将全市100家左右的广告商按经营范围改组,归并为五个公私合营的广告公司和一个广告美术社,与此同时又成立了上海市文化局领导的上海美术设计公司。1962年,上海广告有限公司成立,成为新中国早期成立的专业广告公司之一,也是新中国第一家经营外贸广告业务的国有广告公司。该阶段中国的广告产业以国有资本和本土私有资本为支撑,在国际广告产业资本市场上处于完全独立的姿态,无外资因素的干预,国家不允许外资进入中国的广告产业。

二、中外合资

1986年,中国出台了《关于鼓励外商投资的规定》,跨国广告企业随后开始在中国境内设立中外合资企业或中外合作经营广告企业,中国广告产业的资本结构开始发生变化。1986年,中国成立了第一家合资广告公司:北京电扬广告公司。该公司由中国国际广告公司与扬·罗必凯广告公司和电通广告公司联合成立,是中国内地第一家中外合资4A广告公司。随着市场经济体制的逐步确立,跨国广告集团在中国成立合资公司的步伐逐渐加快。1991年,上海广告有限公司与奥美国际合资成立上海奥美广告有限公司;同年底,光明日报社和美国麦肯广告公司合资组建麦肯·光明广告有限公司;宏盟集团旗下的BBDO广告公司与中国广告联合总公司合资成立了天联广告有限公司。1992年,盛世长城国际广告公司(SAATCHI & SAATCHI)和中国航天工业部中国长城工业总公司合资成立盛世长城国际广告有限公司,自成立起,该公司连续五年被国际广告协会(IAA)评为国际最优秀的广告公司。1993年2

月，由日本株式会社旭通信社与百联集团合资组建的全面代理型广告公司在上海落地，成为国内较早成立的中日合资广告公司。1994年1月，株式会社旭通（ASATSU-DK，ADK）又与中国权威传媒人民日报成立合资广告公司——北京华闻旭通国际广告有限公司；这是一家以品牌战略企划为先导，集品牌研究、消费者调查、沟通定位、媒体策略研发、沟通创意、广告制作、传播效果测定于一体的国际化专业广告公司。同年11月，在李奥贝纳原上海办事处的基础上，上海李奥贝纳广告有限公司成立。截至1992年底，仅北京市的广告公司就多达966家，其数量比整个美国的广告公司数量还多。这个时期，中国广告产业的资本结构中开始出现一定比例的外商持股，但合资公司对外资持股比例有一定要求和限制。

三、外商独资

20世纪90年代，由于国家政策不允许外商独资广告公司的存在，国际4A广告公司想要占领中国市场只能与国内公司成立合资广告公司。1995年出台的最初版《外商投资产业指导目录》，明确将"广告代理业务"列入"不允许外商独资经营"的限制类产业目录中。2004年修订的《外商投资产业指导目录》中规定了具体的限制条件，即广告代理公司的外资比例不得超过49%。但是，为了适应中国加入WTO后对外资的相关市场准入法则，上述修订版明确提出"不迟于2003年12月11日允许外方控股；不迟于2005年12月11日允许外方独资"。2007年出台的《外商投资产业指导目录（修订版）》则规定，广告业务不再属于外商投资的限制类产业。目前，境外资本可以通过新设外商投资广告企业，并购境内广告企业，外商投资企业境内再投资广告企业，协议控制，四种主要法律形式进行境内的广告产业投资。

2017年，全球最大的广告传播集团WPP宣布，其下属运营子公司奥美营销传播有限公司（Ogilvy&Mather Marketing Communication Limited）正式从上海广告有限公司收购剩余股份，获得现有两家合资公司的所有权。至此，进入中国26年的4A广告公司奥美营销传播有限公司，从中外合资公司变成了全资独立运营的外商独资公司。

四、集团式控股/股权成分多元化

进入21世纪，中国广告产业的资本运作逐渐开放，外商独资、外资控股、股份收购、注资入股等资本结构变化开始出现。

首先，国际资本开始大量涌入中国广告市场，兼并收购，出现了外资寡头垄断的现象。例如，香港TOM集团旗下的户外传媒集团凭借自身的资本优势，在内地大肆并购地方性的户外广告公司，抢占户外媒体的市场资源。2002年WPP旗下奥美集团并购西岸公关，成为"中国公关并购第一案"。

拓展阅读

中国第一起国际资本意义上的公关购并案——奥美+西屋

手搭着"奥美"品牌的肩膀，跃上WPP的全球资本战车……西岸与奥美——中国公关第一并购，展示了资本层面上中国本土公关的第一次大胆演变。

2002年6月11日，奥美和中国西岸咨询策划公司在北京宣布，由两家共同投资的西岸奥美信息咨询服务有限公司正式成立，奥美和西岸在新成立的合资公司中各占60%和40%的股份，原西岸的所有人员和业务全部转入合资公司，其管理团队保持不变，独立负责公司的运营。奥美公关和西岸奥美将保持独立运作。

不是博雅，不是爱德曼，其实也不是奥美，而是奥美、博雅的母公司全球第一公关传播集团——WPP控股中国西岸公关公司。60%股权背后的真正主人是WPP。

原西岸创始人、现西岸奥美公司董事长黄勇说，此次交易的主角实际上是WPP和西岸。至于为什么是由奥美亚太区主席宣布该桩"婚姻"礼成，是因为西岸加入WPP集团的方式是——西岸挑选了在中国市场极具品牌号召力的"奥美"作为新公司未来的品牌支点。

新公司西岸奥美将和博雅公关、奥美公关、伟达公关等一起，比肩站立在WPP的子阵容里，它们之间地位平等。

其间有一个让人吃惊的细节，据黄勇透露，西岸和WPP全球总部的签约真正发生日期是2002年的1月1日。

这无疑是一个极佳的炒作机会，实际情况却是——在办了"结婚证"半年之后，双方才办招待酒席。个中原因，黄勇对此讳莫如深、拒绝作答。

奇怪的5年管理权限

黄勇选择将公司60%股份卖给WPP，选择一种资本演变，在他看来是有历史原因的。

1997年，西岸签约诺基亚失败，诺基亚选择了奥美，原因是诺基亚把包括中国市场在内的整个亚太区公关合同，打包签给了拥有国际化公关网络的奥美，相比之下，西岸太小太本土。黄勇大受刺激，"从1997年开始西岸就决定走国际化网络之路"。随后的4年时间，西岸先后和台湾地区、新加坡、韩国等公关公司谈合作，甚至加盟了罗兰国际公关集团（ROWLAND），"最开始是一种没有股权关系的、虚拟的全球化网络，但是很失望，合作没有成功，由于双方没有紧密的股权关系，只能流于表面文章"。

是奥美提出由WPP收购西岸60%的股权，最终说服黄勇的理由是"把控股权交给WPP，作为WPP上市公司控股的中国并购故事，利用资本之手，西岸将实现真正意义的国际化资本化"。西岸实际上就这样被放大了，在资本市场上，黄勇已经实现了其私人资本价值的最大化。因为中国概念，WPP和黄勇在资本市场上将实现双赢。

中国本土公关第一次讲起了"资本故事"。西岸作为一家私人企业，黄勇和他的妻子蔡芫成为中国本土公关资本化的第一人。据估计，黄勇和蔡芫套现的60%股权折合人民币可达数千万元。

随后，黄勇和蔡芫的命运和余下的40%股权与WPP承诺的"5年不变"管理权限联系在了一起。

根据双方协议，黄勇和蔡芫作为公司的董事长、董事、副总经理拥有西岸奥美5年的管理权，奥美不参与管理。黄勇说，不管他们业绩做得如何，5年之内，他们将全权掌舵西岸奥美。

对于这样的"协议"，业界有了质疑"其做法奇怪"的声音。

实际上，西岸和奥美的并购与在其他行业频频发生的资本故事一样，在风险和利益上没有任何本质的区别。正如乐百氏何伯权的下野，是因为达能没有能够兑现之前不干涉管理层的承诺，黄勇的未来管理行情也将潜藏同样的风险。唯一可以反驳的理由是，黄勇和蔡芫握有新公司高达40%的股权，足够维持其在未来可能出现的关键时刻的支持票数。

并购相关方

WPP集团是此次并购事件的真正主角。它是全球最大的传播服务集团之一，主要提供广告、媒体投资管理、信息顾问、公共事务及公共关系、建立品牌及企业形象、医疗及制药专业传播服务。该公司包括智威汤逊、奥美、传立、美旺宝、国际市场研究顾问、奥美直效行销、伟达公关、奥美公关、博雅公关及朗涛等机构。WPP共有员工6.7万人。

奥美在这次并购中实际起到的是品牌支持的作用。20世纪70年代初，奥美广告收购全世界的宾信（Benson）广告公司，于1971年成立香港办事处。香港奥美于1989年成为WPP集团的一分子。发展至今，奥美成为全球第六大广告及市场推广机构，在90多个国家和地区设有办事处，专门从事广告宣传、直销广告、公共关系及促销推广等工作。

此次并购真正的受益者，当然是西岸咨询策划公司。西岸公关创建于1994年。当年西岸是从虹志公司（AST）淘到第一桶金的。自1996年3月开始，西岸逐渐争取到了康柏、微软、思科（Cisco）等一流的长期客户。1998年3月，上海西岸咨询策划有限公司正式成立。1999年7月，西岸广州办事处开始运行。西岸公司的品牌目前已被业界充分认可。

黄勇，原西岸创始人，现西岸奥美公司董事长，当初他放弃7年的记者生涯、揣1万元创建西岸时，也许并没有预计到今天。实际上，在与奥美"联姻"之前，黄勇率领的团队从表面上看与奥美没有什么不同，他们名片上印的头衔都差不多，西岸的员工和奥美员工一样也是以英文名字互称，并在谈话中夹杂大量的英语单词。唯一的差别是，奥美发送的电子邮件有时会是英文的，西岸则全是中文。当然，发件人的地址是清一色的大卫·刘或珍妮·李。

资料来源：中国公关第一购并：西岸+奥美［N］. 南方都市报, 2002-06-14.

拓展阅读

WPP中国路径

苏铭天（Martin Sorrel）执掌时代的WPP在中国制定了"由南往北"的战略。从中国经济、广告业较为发达的东部沿海一线城市，逐渐向中西部内陆二三线城市渗透。通过并购本土优秀的营销传播公司，WPP迅速介入中国快速成长的市场。

2002年，WPP集团旗下的奥美公关并购中国本土公关公司西岸咨询，组成西岸奥美信息咨询服务公司，此举使奥美成为中国最大的公关公司。

2006年，WPP收购中国网络广告代理公司——北京华扬联众广告公司，进军中国网络广告市场。

在管理咨询领域，2006年WPP收购中国咨询公司华通现代95%的股权。

2008年，WPP收购游戏内置广告公司——上海英格美爱数字互动55%的股份。

随着中国经济的高速发展，中国被苏铭天进一步提到了集团战略的高度。

广告价值链可以分为以下板块：媒体销售、媒体营销、媒体购买、媒体策划、品牌服务、营销顾问、管理顾问、企业发展、首席执行官修导。中国本土广告公司能够全程参与整条价值链的公司少之又少，大多数只能专注于其中某一项或者两项，相比之下WPP则是全程参与，在每项中获取利润的同时实现利润最大化，发挥出价值链的价值，提高竞争力。

2014年是WPP在中国集团化扩张爆发的一年，不仅大举进军中国电商服务业，转战中国线上零售市场，还把目光瞄准了移动互联网行业及其背后潜力巨大的手机广告市场。这位巨头频频出炉的中国消费者洞察相关市场调研活动及报告，透露着它的野心。

公关行业同样也存在美丽的"中国概念"。当时，讲中国价值，显得非常重要。中国市场迅猛增长的市场份额，不但让WPP赚得盆满钵满，还跟欧美的业务形成了很好的风险对冲。

2001年的公关大环境并不妙。由于美国网络经济泡沫的破灭，纳斯达克市场遭受重创，全球IT业尤其是代表新经济的网络企业纷纷破产、倒闭，大批员工失业，全球经济出现严重衰退，而美国"9·11"事件更加重了市场的恐慌情绪。服务于企业、服务于市场的全球公共关系业直接受到巨大冲击，也经受了严峻考验，许多著名国际公关公司的业务受到很大影响，甚至出现了负增长，它们不得不通过调整战略、削减员工、整合业务等手段应对这场危机。

作为全球新兴市场的中国，公关市场继续保持良好的增长势头，增长率达到33%。北京申奥成功、胜利举办亚太经济合作组织（APEC）会议、顺利加入世界贸易组织等重大事件，对中国公关市场发展产生非常积极的影响。现实情况是，国际公关公司针对中国公关市场的手段不多，业务模式过于僵化。而一些优秀的本地公关公司加强内部管理，整合市场资源，业务发展趋于成熟；它们在业务规模、服务品质、公司实力以及内部管理上开始与国际公关公司相抗衡。而随着客户资源开始从外国客户转向国内客户，国际公关公司纷纷看好中国市场，试探进入中国市场的各种途径。WPP选择了通过控股中国本土公司实现其中国路径。

一个公开的说法是，WPP作为一个投资集团，通过旗下奥美公关，一直在做彻底本土化的努力，一直在打算收购一家本土公关公司，一方面学习更好的本土化；另一方面还可以把一些和原有客户有竞争关系的新客户放到新公司做。而西岸就是其最终的选择。因此，奥美亚太区总裁颜德信认为，外部环境的变化还会给奥美等大型公关公司带来进一步的变革压力，具体表现在：用更加有效的成本建立更为成熟的品牌；逐步加大对本土企业的关注，根据这些本土企业对沟通需求的变化，奥美等公司会加大投入，同它们建立战略联系，并积极地参与本地品牌维护和知识产权的保护。

令人关注的是，WPP决定将保留西岸奥美和奥美公关在中国的独立运作。由此释放出的信号是，双方的业务至少在目前将以"分工合作"为主。随后两个公司之间重合业务部分的梳理和划分值得关注，独立行走的双方具体姿态如何还是一个疑问。

实际上，此次购并带来的最大冲击主要是给予竞争对手"爱德曼"一个"反击"。并购动作在中国公关市场形成的综合实力，将提早把WPP与其他欲进军中国市场的国际级竞争对手区分开来。

资料来源：张帆. 全球广告业的"凯撒大帝" [EB/OL]. (2021-09-21) [2021-10-11]. http：//k.sina.com.cn/article_ 1972693293_ 7594e92d00100vfpj.html；中国公关第一购并：西岸+奥美 [N]. 南方都市报，2002-06-14.

其次，中国的广告产业也纷纷走出国门，加入国际广告市场的资本运作中，对优质广告公司进行收购、投资或与其开展合作，在海外进行上市融资。2001年，白马户外媒体在港上市之后，媒体世纪、媒体伯乐和大贺传媒等传统户外广告公司纷纷赴港上市，中国广告产业价值在国际广告资本市场上初现萌芽。

2005年是中国加入WTO的第四年，也是中国广告产业对外资全面开放的元年。此时户外新媒体广告公司凭借其商业模式，既易复制扩张又有效规避了传统户外广告公司资源整合缺陷的优势，受到了资本市场的青睐。2005年7月，分众传媒在美国纳斯达克上市，融资1.72亿美元，创下当时美国中概股的融资纪录。在雄厚的资本背景下，分众传媒迅速并购整合了全国九成以上的户外新媒体资源。其后，华视传媒与航美传媒也以相似概念赴美成功上市。2008年，全球金融危机后，一批依托央视媒体资源进行代理服务的广告公司在境外上市，例如，广而告之在纽交所上市，中视金桥在港上市，开启了本土无媒体资源的专业服务型广告公司的国际化资本进程。2008年，全国广告行业百强企业中有25家拥有外资背景，营业额占据了当年全国广告产业营业额的80%。2009年《文化产业振兴规划》颁布。这是我国第一部文化产业专项规划，广告业被列入其中，规划提出以文化创意、影视制作、出版发行、印刷复制、广告、演艺娱乐、文化会展、数字内容和动漫等产业为重点，加大扶持力度，完善产业政策体系，为中国广告产业实现跨越式发展提供了良好的政策环境。2010年，蓝色光标、华谊嘉信、省广股份、昌荣传播4家本土专业服务型广告公司的上市，标志着中国广告产业资本市场价值的正式确立。中国广告产业开始产生并购效应，吸引更多的资本与广告公司经营者投入广告产业的资本运营中，强化了广告产业在中国资本市场上的资本市场价值。

除了传统意义上的广告公司外，国内互联网企业的崛起和出海也为广告市场注入了新鲜血液。阿里巴巴、腾讯、百度等上市公司，以及字节跳动等未上市的公司都在资本扩张方面表现强劲，并将数字广告业务带到海外。在数字经济不断全球化的趋势下，国内互联网巨头积极在全球布局自己的商业版图。阿里巴巴集团涉足广告营销、文化娱乐、电商、医疗健康等领域，范围包括美国、印度、东南亚等地，其海外布局从全局出发，重视相关业务和母体业务的关联性和互补性，因此，海外电商、物流以及本地服务市场是其重要的业务板块。作为"超级买手"，阿里巴巴投资方式包括直接投资、参股，甚至并购的现象也屡见不鲜。与阿里巴巴相比，腾讯的投资风格相对保守，其投资和自身业务领域一直保持相对独立，其投资方向是各产业链上发展相对成熟的优质公司。

腾讯也在其优势产业链路上向海外延伸，涉及文化娱乐、企业服务、广告营销、教育等15个领域，投资范围包括国内、美国、印度、东南亚等地。百度海外投资涉及硬件、企业服务、医疗健康、文化娱乐等100多个领域，范围包括国内、美国、日本等地。近年来，人工智能对传统行业的赋能和改造是百度资本布局的重点。百度十分注重技术的保护与落地，百度大脑的开发，百度位置服务的（LBS）智能业务平台，百度医疗事业群的扩展不仅在国内，而且正在走向世界。以搜索引擎广告收入为主的百度也注意在内容生态上的布局，以人工智能为核心的多领域投资是百度资本世界扩张的整体战略。作为国内互联网后起之秀的字节跳动虽然还未上市，但其资本扩张的步伐不曾减弱。自2014年开始投资，到2021年3月，字节跳动的投资涉及文娱、人工智能、广告营销、金融等领域，范围包括国内、印度、美国、东南亚等地。字节跳动旗下的TikTok完美复刻了抖音的短视频和资讯产品，将其核心变现模式的广告业务拓展至海外。国内的成功经验和产品模式加上全球各地进行本地化运营，使其发展极为迅速，在多个国家占据了头部市场份额。

在流量和用户决定广告收益的数字广告时代，越多地占领资本市场意味着有越多可增加广告收益的机会。阿里巴巴国际站作为全球数字化出海服务平台，有超过190个国家和地区的买家在其平台上发布采购信息，超过2 600万全球买家在其平台寻找卖家。随着阿里巴巴旗下电商的发展，各地品牌接踵而至，而品牌商的到来也成功吸引了大批4A广告公司的目光，近年来，广告传播集团、阳狮等代理商相继牵手阿里巴巴，实现了互联网公司的数字广告与传统广告行业4A代理公司携手联动，阿里巴巴旗下的速卖通成为阿里巴巴国际零售业务增长的重要平台。同样的，字节跳动旗下的拼音海外版广告营销平台，拼多多旗下的跨境电商平台以及微信海外版（WeChat）是各互联网平台海外广告收入的主要来源。国内广告形式伴随着互联网企业的资本扩张走向全球。

随着数字营销在全球广告市场上的份额日渐增长，跨国广告集团在全球和中国市场并购了一批新兴的互联网广告公司，强化数字营销领域的服务能力，抢占市场份额。与跨国广告集团直接竞争的本土专业服务型广告公司的上市与并购，使中国广告产业日渐形成了集团化竞争的格局。中国的广告企业在竞争市场中日趋规模化、集团化、国际化，从最初的完全禁止外资到逐步开放，最终形成股权成分多元化的资本结构。

资本运作的最大优势在于，在全球竞争环境下实现与外国公司（从某种意义上说即是传统的竞争者）的联盟，已经成为另一种管理时尚和万能药。它们代表了一个诱人的解决方案，可以解决公司建立相对优势或对冲风险，同时又不放弃独立性的问题。

五、资本结构变迁对中国广告产业国际化发展的影响

中国广告产业先天实力较弱，对外资放宽准入限制，使外国资本在一定时期内处于强势主导地位，使中国广告产业发展较为曲折。但随着全球化的深入发展，我国数字科技的不断进步，以及国民经济的增长和综合国力的增强，广告产业的发展逐渐繁荣，行业主体逐渐探索出属于我国的广告产业国内国际发展路径。资本结构变迁对我国广告产业国际化发展的影响主要表现在三个方面。

一是拓展中国广告企业的国际市场。随着中国广告产业资本结构的变化，外资进入中国是国外商品渗透中国市场的结果，但同时，外资的引入也为中国的广告企业带来了海外客户，开拓了国际市场。外资入驻的同时，与其长期合作的友好型国际品牌也携手进驻了中国商品交易市场，为中国广告企业与国际品牌客户的合作提供了连接与桥梁，推动中国广告产业通过国际客户和国际项目进一步拓展海外市场，提升国际知名度。

二是推动中国广告企业国际化建设。国际资本的入驻一定程度上为中国的本土广告公司带来了国外丰富、优质的广告技术、人才资源、创意能力以及经营管理经验。丰富的广告形式以及资本运作形式，有利于中国的广告企业开拓国际化发展视野，与国际广告发展接轨，帮助中国广告"走出去"，使其资本结构多元化、产业化。与外资的博弈过程加速了中国本土广告产业整体发展进程，提升了本土广告产业的国际化品牌建设速度，进而推动了整个中国广告产业的国际化发展进程。

三是提升中国广告产业的国际地位。资本结构的变化对于推动中国广告产业的快速崛起和发展功不可没。目前，中国已成为世界第二大广告市场，在中国广告产业的资本结构日趋国际化和现代化的同时，许多中国广告品牌也获得了越来越高的国际知名度和美誉度，在广告品牌国际影响力提升的同时，不断推动着中国广告产业国际地位的提升。

六、资本结构变迁对国际广告产业的影响

一是拓展国际广告市场。资本结构的变迁客观上使得中国以日趋开放的姿态融入国际广告发展当中，是对国际广告市场的有力补充和拓展。在广告产业领域，境内外的资本实现了一定程度上的自由流通，加快了广告国际资

本的流动,推动了全球范围内的广告合作,为国际广告产业注入了新动力。

二是推动国际广告产业集团化发展。资本结构的变迁推动了中国广告市场结构的不断优化升级,境内外的合资并购事件明显增多,推动了广告产业资本的"引进来"与"走出去",本土公司能够在境外上市和并购,海外的广告企业也能在国内扩大企业规模。在此过程中,国内外的广告企业均实现了其集团化的企业发展目标,整体看有利于推动整个国际广告产业的集团化发展。

三是提高效率,加快国际广告产业发展进程。资本结构的变迁助力中国广告产业实现了转型和升级,中国广告产业的快速崛起和积极实践,在客观上推动了整个国际广告产业的进步和发展。随着资本的融合,各国各公司间的交流不断增多,但在此过程中,相关问题也不断显现,如数字隐私问题、用户数字信息归属权问题等。而世界数字经济与互联网产业要发展,或早或晚都要面对并解决这些问题。各国企业间的资本流动及融合,促使全球全行业尽早重视相关问题。因此,资本结构的变迁有利于助推世界数字化广告方面的法律政策不断完善,从而提高效率,加快国际广告产业的发展进程。

第三节 中国广告理论的国际化发展状况

一、西方广告理论的引入、接受与本土化

中国广告业起步较晚,因而早期经营服务模式更趋向于学习国外的管理经验。1925年,日本井关十二郎的《广告心理学》作为商务印书馆"商学丛书第十种"在中国出版①,沃尔特·迪尔·斯科特的《广告心理学》②、大卫·奥格威的《一个广告人的自白》③、丹·舒尔茨的《广告运动策略新论》④和艾·里斯的《广告攻心战略——品牌定位》⑤等,成为中国广告人了解西

---

① 井关十二郎. 广告心理学 [M]. 唐开斌, 译. 北京: 商务印书馆, 1925.
② 斯科特. 广告心理学 [M]. 吴应图, 译. 北京: 商务印书馆, 1926.
③ 大卫·奥格威. 一个广告人的自白 [M]. 林桦, 译. 北京: 中国友谊出版公司, 1991.
④ 舒尔茨. 广告运动策略新论 [M]. 刘毅志, 译. 北京: 中国友谊出版公司, 1991.
⑤ 里斯. 广告攻心战略: 品牌定位 [M]. 刘毅志, 译. 北京: 中国友谊出版公司, 1991.

方广告世界的重要途径。

20世纪80年代是翻译文化的时代。思想解放、面向世界、走向未来的风气，在整个文化界产生了巨大的影响，也影响了广告界内部的讨论。早期很多广告学教材和著作，都是译著或在港台译本基础上加工引进的。而80年代对于"广告是艺术还是科学？""资本主义广告和社会主义广告的区别何在？"等的讨论，是这个时期中国本土广告问题中的一个缩影①。

同期，作为学科的广告发展也十分艰难，成为广告理论在国内未能蓬勃发展的一大原因。1983年，厦门大学新闻传播系成立了广告学专业并招生。这是中国最早设立广告学专业的高等学校。自20世纪90年代起，伴随着改革开放的步伐，全国范围内的高等院校纷纷成立广告专业。但由于整个社会情况以及广告作为一门学科，尚未在国内形成完整的体系等原因，这个时期广告学在学界发展十分缓慢，据统计，1983—1992年，全国只有6所高校开办广告学专业。学界方面更是一片寂静，在中文社会科学引文索引（CSSCI）中以"广告"为关键词进行搜索，收录最早的文章为1998年，可见处于探索时期的广告理论还未真正走入学界的视野。

有学者认为，"我国的广告业要真正和国际接轨，不仅要创造其自身的条件，更应在工商业的改革中起更大的作用，不仅如此，广告业更应跳出'先天派生性'的观念，走向国际性的大市场中去，要通过高质量服务，使国外企业感到要到中国来做广告就需要使广告本地化（localized），真的到了中国的广告公司和跨国巨人公司，不仅在国内而且在国外的广告业务中并驾齐驱、相互竞争的时候，我们的这个行业才真正是与国际接轨了"②。

二、中国广告实践理论的国际化

在将西方广告理论引入、接受和本土化的过程中，部分广告人和广告研究者开始感知和意识到西方理论对中国广告业的控制和影响，并开始从广告属于"资本主义还是社会主义"的性质争论，转向对如何实现广告的"本土化"的路径探讨。在国际广告场域中，中国广告话语权的弱势，也让中国广告人越来越多地希望通过建构强大的中国广告话语权，获得在国际广告界的

---

① 祝帅. 中国广告学术史论 [M]. 北京：北京大学出版社，2013：196-197.
② 章汝夷. 国际广告发展情况和我国现状 [J]. 世界贸易组织动态与研究，1998（3）：3-5.

尊重和认可。中国元素作为在实践领域的核心理论概念，和中国广告话语权建构的重要实现路径成为讨论的焦点。

祝帅认为，必须将中国元素的提出放在整个中国广告产业发展的大背景下理解。随着中国广告业主体意识的崛起和自信，中国元素也成为中国广告业向世界发出的某种声音和表征。可以说，在中国广告业基本完成了从西方的历史和经验中"启蒙"的任务之后，从文化输出等角度提出中国元素的问题，是中国广告业自信的一种表现，也是中国广告业实力增强后文化责任感的一种客观体现。中国元素问题的提出并得到呼应，从某种程度上说是现实的也是必然的，只是中国广告对于世界广告业有可能做出的若干贡献中的一种，而没有穷尽中国广告市场的全部独特问题[①]。

丁俊杰则认为："中国元素不是封闭的，它是动态的，处于发展与变化之中，不断会有新内容的加入，当然根据形势与环境的变化，也会有旧的内容被剔除，但有一点不会变，那就是它是发生在中国、由中国人创造的。"[②] 我们应当保留和延续经过历史沉淀下来的内容，并不断发掘、提炼随着中国社会发展所涌现出来的新的中国元素。

关于中国元素的概念，业界也有不同的理解。著名广告人高峻在演讲中说，中国的创意人必须看到所谓的中国元素，不是一种图案，而是由中国文化派生出来的，其是用于使用的素材，是体现中国文化精神的一种载体[③]；黄国雄认为，中国元素应该是从中国传统文化中挖掘、提炼出来并加以运用的[④]；朱海良则认为，中国元素应该是中国独有的，能反映中国、认知中国的东西，不但要包括具象的龙、长城等意象，还应该包含中国丰富的习俗文化、价值观念等[⑤]。近年来，随着数字媒体的发展，中国元素在广告中的运用有所增加。例如，李子柒凭借中国特有的田园生活方式以及中国美食、中国传统

---

① 祝帅. 中国广告学术史论 [M]. 北京：北京大学出版社, 2013：199.
② 丁俊杰. 论"中国元素" [J]. 中国广告, 2017 (6)：81-82.
③ 高峻. 中国元素：中国广告创意防线 [EB/OL]. (2006-10-31) [2020-01-10]. http://www.artglim.com/Article/news.
④ 黄国雄. 中国元素：中国广告创意防线 [EB/OL]. (2006-10-31) [2020-01-10]. http://www.artglim.com/Article/news/2006-10-31.
⑤ 朱海良. 中国元素：中国广告创意防线 [EB/OL]. (2006-10-31) [2020-01-10]. http://www.artglim.com/Article/news.

技艺等在国内外大受关注；故宫文创对故宫的中国元素进行了深入发掘，对中华文化的宣传以及相关产品的售卖起到了极大的推动作用；凭借着"古风"频频出圈的河南电视台，其"洛神水赋""唐宫夜宴"多次引起热议；除此之外，国货品牌逐渐走入大众视野，花西子、百雀羚等美妆品牌，李宁、鸿星尔克等服饰品牌都凭借中国元素出圈。虽然中国元素不断充实和丰富，但其在广告中的运用还不够充分，在广告理论上的研究还不够具体。甚至知名度较高的中国元素广告大多出自国外品牌，如可口可乐的泥娃娃阿福，麦当劳的"摩登中国风"点餐系列海报，等等。

虽然业界对于将中国元素融入广告进行了积极的探索和实践，但也仅仅停留在业界。广告公司、自媒体人积极发掘中国元素的同时，学界的相关理论研究并未赶上实践的步伐。综观中国元素的理论研究，大多停留在如何在广告中运用中国元素的实践讨论。如何使中国元素从实践操作的层面上升至理论的深化与拓展，形成具有产业影响力的理论体系，并借助产业发展和理论交流等途径，将其影响力延伸至其他国家和地区，是直至今日中国元素的理论体系仍未完成的课题。

三、中国广告理论国际化愿景与努力

2008年以来，中国广告学者原创的创意传播管理、发展广告学等理论框架，都希望能够跳出西方关于广告研究的话语体系，形成诸多聚焦广告而又超越广告、镜鉴西方而又超越西方的研究产出和教育实践，对以中国4A为代表的国内广告业甚至西方学界都产生了积极影响[1]。

2011年，陈刚在《广告大观》中发表的《发展广告学》一文，是对广告发展的"中国模式"、中国广告产业实践的"创意传播管理"和中国广告理论建构"发展广告学"的初衷、愿景及努力的最好陈述[2]。在中国从广告大国向广告强国发展的过程中，中国广告业正在进入一个系统性的创新阶段。目前，中国广告的许多领域已经在全球形成一种引领性的地位，广告学术研究必须及时跟进。广告学界亟须合力形成一批整体性的思想成果，建立一整

---

[1] 刘磊. 广告定义研究的探索性分析：基于1992—2016年中外期刊文献综述的视角[J]. 广告大观（理论版），2017（1）：14-23.

[2] 陈刚. 发展广告学[J]. 广告大观（理论版），2011（2）：1.

套的方法和术语系统，从而解释中国广告业发展中所面临的独特问题。而中国广告业目前所面临的问题，在某种程度上就是全球的问题。因此，中国的广告研究尽快从"批判"走向"发展"，从一种分散的状态走向合作，在全球化的背景下提出旗帜鲜明的理论主张，共同打造中国广告学派，理应成为有责任感的中国广告学人的光荣与梦想。作为一个"学派"，应该形成共同的理论纲领与学术主张。而中国广告业发展与广告研究的现状，无疑要求中国广告学人必须宏观思考、微观切入，寻求新的阐释框架，从全球变化的角度建构中国广告理论。从近年来中国广告理论研究文章发表情况，以及中国学者广告类外文文章发表情况看，我国对于广告学理论的研究还不够。

在中文社会科学引文索引上以"广告"为关键词进行搜索，发现截至2022年1月7日，共收录文章4 456篇，分布在新闻学与传播学、经济学、艺术学、管理学等24个学科（见图4-2）、50余本刊物中，但24个学科分类并不包含广告学，50余本刊物中也没有一本是广告学的专业杂志。广告学虽然属于交叉学科，但随着理论与实际的不断发展，也拥有诸如广告媒介、广告受众、广告效果、广告史等具体明确的自身议题。诚然，不同学科背景的研究可以拓宽广告学的研究视野，但在长期的交叉研究中，广告学本身的理论却遭到了忽视。这是我国广告学理论发展极其缓慢的原因之一，国内广告学专业刊物学术水平低、广告学研究对其他学科依赖程度过高，是我国广告学理论研究急需解决的问题。

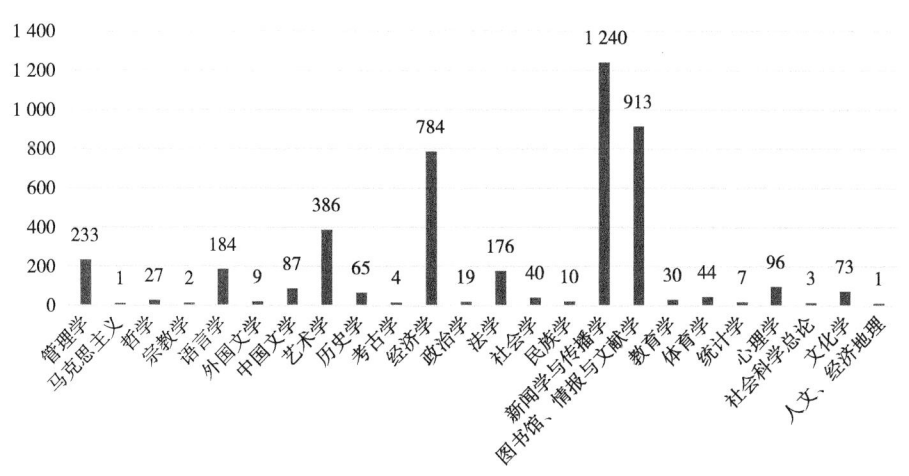

图4-2 中文社会科学引文索引中广告类文章的学科分类分布（2022年1月）

对 1998 年以来广告类文章在 CSSCI 刊物上发表的数量进行年份统计（见图 4-3）可以发现，1998 到 2011 年，发刊数量整体呈波动上升的趋势，2011 年文章数量达到近年来的最高值，为 268 篇；2011 年至今，文章数量呈波动下降趋势，2021 年，中文社会科学引文索引收录的广告类文章为 100 篇，达到广告学科引进中国后的最低值。近年来，直播带货、网红经济异军突起，对中国广告行业造成了极大的影响，广告行业正在被市场重塑；除此之外，2020 年至今，受新冠肺炎疫情影响，国际国内经济形势萎靡，商品经济发展受到极大挑战。在行业、经济形势双变动的背景下，广告学科应该积极求变，走在行业发展的前沿，用理论为未来的实践指引方向，而不应该仅是随着行业的发展一味单纯地追求热点、爽点。

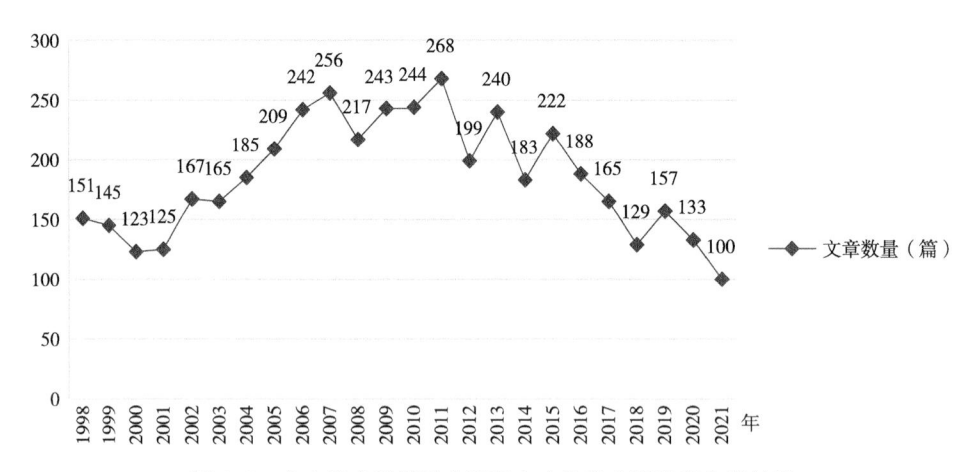

图 4-3 中文社会科学引文索引中广告类文章发表年份统计

而以广告（advertising）为关键词、文章（article）为文件类型在文献检索核心合集数据库中检索，共检索出文章 34 134 篇，其中，来自美国的文章最多，为 14 304 篇，占总发文量的四成以上；中国第二，为 5 846 篇；英国位居第三，发文量为 4 064 篇，占总发文量的 8.66%（见图 4-4）。中国的 5 846 篇文章发表在科学技术、社会科学、技术、物理科学等六大领域（见图 4-5）。通过阅读发现，大多数文章的主题集中在商学和科技领域，而对广告本身关键议题进行研究的文章寥寥无几。可见中国学者对于广告理论的研究，以及中国广告学科在世界的影响力都亟待提高。

中国的广告研究经过 30 多年发展，已经积累了一定的基础，但无疑还有

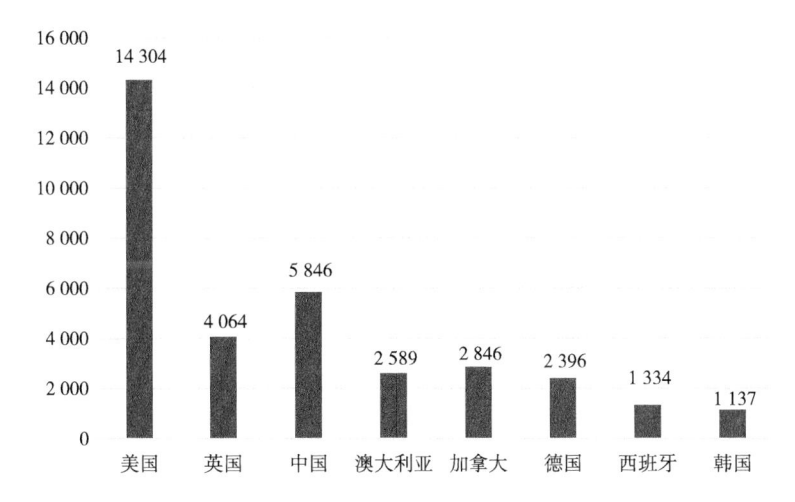

图 4-4 在外文索引库核心期刊上刊发广告相关文章超 1 000 篇的国家/地区

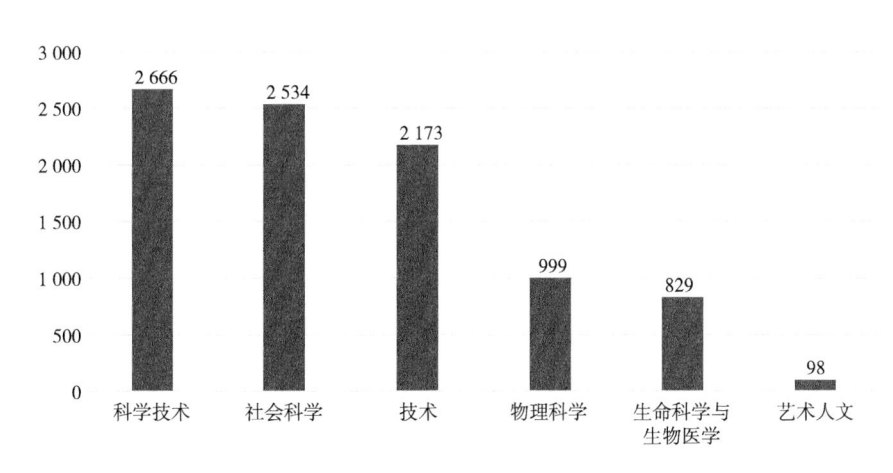

图 4-5 中国作者在外文索引库核心期刊上发广告相关文章所属学科

很多局限和很大的发展空间。目前一个集中的问题是，学界很多研究都是对于行业最新进展和动态的追随性研究。追随性研究是有必要的，但我们期望有更多能够引领行业发展的研究成果出现。特别是应该鼓励原创性的，基于中国问题的前沿研究成果和研究领域，创新和发展中国的广告理论体系。要知道，任何舶来的理论都是解决特定环境问题的模式概括，正如基于传统传播环境所提出来的很多理论目前正在失效。因此，我们要特别关注和研究行业的变化，把握行业的根本价值，以广告为本体，以问题为导向，对各种现象进行批判和分析，进行广告研究的多元创新。对于广告业界，是一个前所未有的机遇；而对于中国广告学界来说，共同推进中国广告研究，引领行业服务模式的发展创新，更是时代赋予我们的使命。当然，要做到这一点，还需要广大广告研究者的敏感与努力，从而在批判中建构，在创新中发展，进行理论创新，在全球形成引领广告业发展方向的中国广告学派[①]。从目前看，中国广告理论要在西方广告理论的基础上形成超越，道路漫长。

---

① 陈刚. 发展广告学 [J]. 广告大观（理论版），2011（2）：1.

第五章
国际化浪潮下的广告公司

从 1986 年至今，跨国广告公司在华发展历程已逾 30 年，对中国广告业的强势影响备受关注。一方面，在全球化的环境中，跨国广告公司的扩张显然对中国本土广告公司的生存造成了不容忽视的冲击。尽管跨国广告公司和本土广告公司在广告市场中的优胜劣汰符合市场竞争规律，但对中国广告公司、中国广告产业以及中国本土品牌的发展而言，这种冲击牵动着与此相关的每根神经。另一方面，除了与中国的各类媒介之间进行相关的广告业务往来之外，跨国广告公司还通过代理广告涉足媒介运营，对媒介的内容生产进行干预甚至控制。2008 年，全球五大广告集团都在中国设立了分公司，据不完全统计，中国广告市场 40% 的份额已被跨国广告公司占据，仅广告传播一家集团就占到 10%~15%[1]。跨国广告公司进入中国后，从零起步，由小做大，再经历新技术冲击，被迫收缩在华经营，经历了闯入—合资渗透—扩张布局—并购重组—在华独资化—收缩经营的发展过程。它们运用独有的营销策略、推广模式，曾经迅速抢占了中国广告市场，并改变了中国广告业的结构，既给中国广告业带来了新的挑战，也为中国广告公司的经营提供了重要

---

[1] 张金海，高运锋，门书钧，等. 全球五大广告集团解析［J］. 现代广告，2006（6）.

的警示和参考。

第一节　广告公司进入中国市场（1986—1992年）

1986年对于中国广告业来说是不寻常的一年。在这一年，由美国扬·罗必凯集团与中国国际广告公司合资的电扬广告公司在北京正式成立，自此跨国广告公司正式进入中国大陆广告市场，为中国广告业注入了新鲜血液。

跨国广告公司之所以能敲开中国市场的大门，部分原因是借助了其余跨国企业进入中国市场的东风。广告业本质上属于服务型行业，广告公司需要为广告主打造全方位的服务，对广告主的依附性很强。20世纪80年代跨国企业国际化浪潮的兴起，使得这种趋势越发明显。

表5-1和表5-2分别展示了跨国企业和跨国广告公司（办事处）进入中国的时间。经对比不难看出，两者在时间方面的吻合度相当高。

表5-1　跨国企业进入中国时间

跨国企业	进入中国时间（年）
可口可乐	1979
松下	1980
宝洁	1988
麦当劳	1990

表5-2　跨国广告公司（办事处）进入中国时间

跨国广告公司（办事处）	进入中国时间（年）
李奥贝纳中国部	1979
博报堂向阳社	1980
电扬广告	1986
奥美办事处	1986

这一时期跨国广告公司进入中国的主要目的，是为国际客户提供服务。为换取市场准入，跨国广告公司开始与国内少数几家本土广告公司开展合作。

但由于国家相关政策的限制,加之初入中国需要进行各方面探索,跨国广告公司在中国的发展速度比较缓慢。

这种状况一直持续到1992年才开始逐步发生变化。

第二节 广告公司合资渗透换取市场准入 (1992—2001年)

随着改革开放的不断深入,中国市场经济迅猛发展,跨国广告公司敏锐地察觉到这个市场未来的发展潜力以及可能带来的丰厚利润。跨国广告公司一方面需要寻求更深一步进入中国市场的途径;另一方面需要加快调整其在中国市场的经营方式,以便快速适应中国本土广告主的需求。直至今日,本土化仍旧是跨国广告公司不可忽视的课题。

更为重要的是,1992年,邓小平发表南方谈话以及中共十四大召开后,国家对广告业的政策及管理进行了开放性调整。任何经济只要具备条件都可以申请进入广告行业。在这一政策的指引下,一大批国有、集体、民营的本土广告公司兴起;同时,跨国广告公司也不再受限于和外经贸部指定的少数几家公司合作,而是有了更多的选择。与本土企业的多样性合作,加快了跨国广告公司在中国市场的渗透。这对于跨国广告公司在中国的发展起到了推进作用。

尽管国家政策仍然对跨国广告公司有所压制(例如,外企在华的广告业务必须由中国本土广告公司代理;作为限制外商类行业,外资可以进入广告业,但不得控股),但在这个时期,跨国广告公司还是凭借自身雄厚的实力、丰富的运作经验,在中国取得了令人叹为观止的成绩。

表5-3为跨国广告公司1986—2001年与中国企业的合资情况。表5-4为1992—2001年中国大陆广告公司发展排名情况。

表5-3 1986—2001年部分跨国广告公司在华合资情况

投资方	国内合作企业	合资公司名称	成立时间(年)		
			北京	上海	广州
电扬	中国国际广告公司	电扬广告有限公司	1986	1989	1992

续表

投资方	国内合作企业	合资公司名称	成立时间（年）		
			北京	上海	广州
奥美	上海广告有限公司	上海奥美广告有限公司	1993	1992	1993
麦肯	光明日报社	麦肯·光明广告有限公司	1992	1992	1992
BBDO	中国广告联合总公司	天联广告有限公司	1991	1992	1993
Grey	国安广告公司	精信广告公司	1992	—	1993
盛世	中国长城工业总公司、天马旅游公司	盛世长城国际广告有限公司	1992	1994	1992
DDB	北京广告有限公司	恒美广告有限公司	1992	1993	1993
电通	大诚广告、中国国际广告有限公司	北京电通广告有限公司	1994	1995	—
博报堂	上海广告有限公司	上海博报堂广告有限公司	1998	1996	—
李奥贝纳	韬奋基金会	李奥贝纳广告有限公司	1995	1994	1992
智威汤逊	北京中乔	智威汤逊-中乔广告有限公司	1989	1991	1992
达彼思	达华广告公司	达彼思（达华）广告有限公司	1994	1994	1993
灵狮	自设办事处		—	1993	1993

表 5-4　1992—2001 年中国大陆广告公司发展前十名

时间（年）	本土公司	合资公司
1992	珠海东方、长城国际、上海广告公司、中广联、上海市广告装潢公司、广东省广、北京新世纪广告、金马广告、白马广告	电扬广告公司（第 8 位）
1993	上海广告公司、上海市广告装潢公司、北京新世纪广告有限公司、广东省广、中广联、中国国际广告公司、长城国际、海润国际、东方广告	盛世长城（第 8 位）

续表

时间（年）	本土公司	合资公司
1994	上海广告公司、中广联、北京新世纪广告有限公司、北京国安广告公司、广东省广、北京广告公司、中国国际广告公司	盛世长城（第1位）、精信广告（第2位）、麦肯·光明（第8位）
1995	中广联、长城国际、中国国际广告公司、北京广告公司、广东省广	盛世长城（第1位）、精信广告（第2位）、上海奥美（第3位）、北京电通（第8位）、麦肯·光明（第9位）
1996	上海广告公司、长城国际、中广联、北京广告公司	盛世长城（第1位）、麦肯·光明（第2位）、智威汤逊-中乔（第3位）、上海奥美（第4位）、精信广告（第5位）、北京电通（第8位）
1997	中广联、广东省广、上海广告有限公司	盛世长城（第1位）、麦肯·光明（第2位）、智威汤逊-中乔（第3位）、上海奥美（第4位）、精信广告（第5位）、北京电通（第7位）、上海灵狮（第10位）
1998	长城国际、中广联、广东省广、上海广告有限公司	盛世长城（第1位）、麦肯·光明（第2位）、智威汤逊-中乔（第3位）、上海奥美（第4位）、精信广告（第5位）、上海灵狮（第6位）
1999	广东省广、北京未来、上海广告有限公司、长城国际	盛世长城（第1位）、麦肯·光明（第2位）、智威汤逊-中乔（第3位）、精信广告（第4位）、上海奥美（第5位）、上海灵狮（第9位）
2000	广东省广、上海广告有限公司	盛世长城（第1位）、麦肯·光明（第2位）、智威汤逊-中乔（第3位）、上海奥美（第4位）、精信广告（第5位）、达美高（第6位）、李奥贝纳（第7位）、上海灵狮（第10位）
2001	北京公交广告责任有限公司、上海美术设计公司、北京未来广告公司、广告省广	盛世长城（第1位）、麦肯·光明（第2位）、北京电通（第3位）、上海奥美（第4位）、智威汤逊-中乔（第6位）、精信广告（第10位）

从数据看，1995年以前国内广告市场是本土公司独占鳌头，然而从1996年开始，合资广告公司强势发力，几乎年年占据我国广告经营总额前五名，在前十名中占据七八个席位。

另一个不容忽视的关键问题在于，尽管自20世纪90年代中期以后，跨国广告公司在中国广告业前十名排行榜上占据大半江山，它们的客户却都以跨国公司为主。如智威汤逊－中乔公司，成立于1992年，但是直到2000年1月25日，智威汤逊－中乔公司上海分公司才同第一家大的中国客户——"三九"药业集团签约，而在这一时期的跨国广告公司中并非特例。但这并不意味着跨国广告公司无意于中国广告市场的争夺，事实上，通过各种手段推进本土化进程是这一时期的工作重点。其一，通过为所代理的国际品牌提供在华的媒介购买服务，建立与媒介的密切关系；其二，物色合适的中国广告公司（主要考察业务实力、特许经营、关系资源等）进行合作、合资，从而享受本土广告公司的待遇，突破政府为保护本国广告业设置的政策屏障；其三，吸纳本土优秀广告人才，进行国际化的广告作业培训；其四，将广告代理服务的对象从国际客户扩大为本土客户，并在广告创意和广告服务方面趋近本土化；其五，建立强强联合机制，由若干跨国广告公司联手，建立媒介购买公司，突破国内的媒介垄断，以求建立符合国际化规范的广告媒介——客户环境。

综上所述，从1986年到2001年，跨国广告公司处于初步合资渗透阶段，经营的主要方式是以资本与技术换取市场的准入资格。虽然从绝对量讲，跨国广告公司还没有对本土广告公司形成足够的威胁，但跨国广告公司通过合资形式在中国立稳了根基，初步完成了对中国大陆广告市场的渗透，为后续对本土广告公司的合围做了必要的准备。

第三节　跨国广告公司合围本土广告业（2001—2005年）

2001年12月11日，中国正式加入世界贸易组织。此后，中国政府制定了关于开放广告市场的相关政策，允许外资控股广告公司以及外资设立独资广告公司。这一举措为跨国广告公司的扩张提供了良好的契机，它们利用自身资本与技术的优势,对本土广告业进行迅速合围,主要体现在三个方面。

一、抢夺、蚕食本土优势客户资源

跨国广告公司进入中国的初衷是为跨国客户提供优质服务的,而当时国内本土企业则主要找本土广告公司代理其广告业务,二者独立发展,业务没有重叠。但伴随着本土企业的崛起和广告投放量的迅猛增长,面对巨大的经济利益,跨国广告公司开始转变自己的策略,将目标扩散至本土客户,并将其作为自己的主要客户来源。

仍以上述智威汤逊-中乔公司为例,2000年1月,签下第一个中国本土客户,而到了2002年,公司已有28%的收入来自内地客户。此外,《现代广告》的统计数据显示:2001年,北京奥美广告公司本土品牌收入占总收入的30%~40%;北京电通的广告经营总额中,本土客户的贡献已超过70%。凭借雄厚的资金实力、娴熟的运作流程,合资广告公司将众多原本属于本土广告公司的大客户收入囊中,而且还有更多的本土公司开始希望得到跨国广告公司的服务。这使得本土广告公司的生存空间受到严重威胁。

二、实施"零代理",挤压本土公司的利润空间

2001年底,以北京电通为首的合资广告公司宣布在国内推行"零代理"制度,即不再收取客户的任何广告代理费。这一举动,使得在国内广告业界推行多年的代理费制就此"作废",在广告界,尤其是本土广告业界引起轩然大波。

我国《广告管理条例施行细则》明确规定:广告公司承办国外广告的代理费为广告费的15%,承办国内广告业务的代理费为广告费的10%。2002年则不分国内外皆统一为15%。代理费是本土广告公司的重要收入来源,"零代理"的出现,给资金实力较弱和业务来源单一的本土广告公司带来了巨大的压力。而对于合资广告公司而言,代理费并非它们所必需的资金来源。由于合资广告公司的媒介投放有大客户的支持,即使不收取广告代理费也能有丰厚的利润收入。

2003年,率先提出"零代理"的北京电通获得了超常规的发展,当年赢利大幅增长,成为当年收入最高的广告公司。另一家日资广告公司华文旭通,年利润增长了近6倍。与此同时,合资广告公司的国内市场份额也大幅增长。

实施"零代理"前的2001年，盛世长城、麦肯·光明、北京电通、上海奥美四家合资广告公司占当年全国广告经营总额的18.4%，到了2003年这一数字上升到了22.9%，提升了4.5个百分点，而这种提升完全是以牺牲本土广告公司的利益和市场份额为前提的。

合资广告公司之所以冒着极大风险推行"零代理"制度，并且选在中国刚加入世界贸易组织的时机推行，必然存在别样用心：挤压本土广告公司利润上升空间的同时，扩大自己的本土市场份额。很明显，对于跨国广告公司而言，即便需要付出相应的代价，但从扩张中国市场的角度看，推行"零代理"制度无疑是有利的。

三、外资媒介购买公司对我国优势媒介市场的扩张布局

自1996年起，国际专业媒介购买公司开始向中国进军。这些公司大手笔的媒介购买行为引起国家主管部门的高度警惕。1998年，国家工商管理局下发停止核准登记媒介购买企业的通知。已经办理了核准登记手续的，应重新核定经营范围。

在上述政策的限制下，外资媒介购买公司疯狂扩张的势头一度有所缓解。然而，它们并没有对中国市场就此收手，转而采用较为隐蔽的经营方式——不再成立单独的媒介购买公司，而是选择挂靠在合资广告公司旗下，继续开展媒介购买业务。例如，实力媒体使用盛世长城的牌照，星传媒体使用李奥贝纳的牌照等。

显然，这一时期外资媒介购买公司钻了中国相关法律的漏洞，以不完全合法的身份在中国发展，但却取得了相当大的市场份额。2000年，前十名外资媒介购买公司的购买量达到16.55亿美元，折合人民币约135亿元，而2000年我国全年广告营业额共712亿元。由此可见，外资媒介购买公司的购买能力是相当可怕的。并且随着中国加入世界贸易组织，我国对媒介购买公司的限制逐年放开，跨国媒介购买集团更是加紧圈占我国媒介市场，垄断购买了大量媒介。蚕食本土客户资源、"零代理"、媒介购买挂靠等有计划的举动令我国本土广告公司措手不及。

综上所述，在中国加入世界贸易组织后的4年时间，跨国广告公司加快了在中国跑马圈地的步伐，通过蚕食本土客户资源、实施"零代理"、大量购买媒介等方式迅速完成了在中国广告市场的扩张布局。

第四节 并购重组，图谋主导中国市场
（2005—2008年）

根据加入世界贸易组织时中国政府对于广告业开放的承诺，2005年12月10日后将允许外资在华设立独资广告公司。这意味着外资可以不受政策限制，从此完全取得国民待遇。2008年底，国家工商总局开始执行新的《外商投资广告企业管理规定》，取消了2004年版中"允许外资拥有中外合营广告企业多数股权，但股权比例最高不超过70%"的规定。一系列政策的出台提高了国内广告市场对国际资本的开放程度，为外资广告公司进入中国市场创造了更加便利的条件。

经历了跨国广告公司一系列的攻势后，我国本土广告市场已经越发力不从心。彷徨之际，跨国广告公司发起的一系列并购案（见表5-5），更是给予我国本土广告公司重重一击，严重威胁到本土广告公司的生存。

表5-5 2005—2008年跨国广告（传媒）集团发起的并购案

时间	母公司	新成立公司	事件	方式	影响
2005年	WPP	福建奥美奥华广告公司	奥美控股福建最大的广告公司——奥华广告公司	控股	奥美广告公司成为福建最大的广告公司
2005年	阳狮	博睿传播	阳狮集团整合实力传播和星传媒体	整合	博睿年度媒介代理购买量达110亿元，占中国年度媒体投放的13%左右
2006年	WPP	群邑控股公司	WPP集团整合旗下传立、迈势、灵立媒体、尚扬媒介及宝林，成立群邑控股公司	整合	群邑在中国当年媒介承揽额超80亿元
2006年	维亚康母	维亚康母户外传媒广告有限公司	维亚康母收购北京流动媒体	收购	维亚康母拥有北京超过5 000辆公交车的广告发布权，在北京奥运会前夕控制了北京公交车广告市场

续表

时间	母公司	新成立公司	事件	方式	影响
2006年	奥姆尼康	奥姆尼康上海办事处	奥姆尼康控股中国领先的终端营销公司尤尼森	控股	奥姆尼康控制广告产业上游链条
2006年	阳狮	非凡传播公司	博睿收购四川非凡传播公司	收购	博睿拥有成都绕城高速等全部户外广告经营权
2006年	WPP	上海奥维思市场营销服务有限公司	智威汤逊收购中国本土最大的促销公司之一——上海奥维思市场营销服务有限公司	收购合资	WPP集团成功拥有上海广告下游链条
2007年	WPP	阿佩克思达彼思整合营销有限公司	达彼思与西部最大的广告公司阿佩克思合作	控股	WPP集团将广告业务延伸到中国西部
2008年	电通	电众数码广告有限公司	电通与分众传播成立电众数码广告公司	合资	电通借助分众传媒进入网络媒体领域

事实上，迫不及待的外资在2004年前就已经试图绕开政治壁垒，展开行动了。2004年，《内地与香港关于建立更紧密经贸关系的安排》（CEPA）协定允许香港公司在内地设立独资子公司。于是跨国广告公司便通过在香港直接注册，提前在内地设立了独资广告公司。例如，《内地与香港关于建立更紧密经贸关系的安排》签订后不久，总部位于香港的星空传媒即在上海成立首家外资独资广告公司——星空传媒（中国）有限公司。此后，跨国广告公司便开始在中国广告市场攻城略地。

一系列眼花缭乱的并购背后，浮现出的是跨国传媒集团企图全面控制中国广告业的目的。综观这一时期的并购，可以发现五个特点。

第一，合作对象发生变化。进入中国市场之初，为了解决市场准入的问题，外资公司倾向于与有背景的本土公司合作，此时生存问题占据首要位置。2005年，跨国广告集团更倾向于并购优秀本土广告公司，把经济效益放在首位。

第二，跨国广告公司不再仅满足于合资，而是更倾向于选择利润最大化的控股或者独资。

第三，跨国广告集团不再单独参与运营广告行业，而是将业务延伸至广告业的相关产业，如与广告业有直接关联的公关业、促销业、调查业、咨询业、娱乐业等，从而获得更多利润。

第四，跨国广告集团以一线核心城市为基础，逐步向我国二三线城市辐射。以前，跨国广告公司的活动范围主要集中在北京、上海、广州等核心城市，利用核心城市丰富的交通资源和信息资源服务客户。随着竞争的加剧以及内地市场的开放，跨国广告公司开始把目光投向二三线城市进行市场开发。

第五，跨国传媒巨头为谋求更多的市场机会，开始整合旗下的媒介购买公司。博睿传播、群邑控股便是阳狮以及WPP集团为了获得更多媒介购买量而整合的新公司。与此同时，广告公司也将触手伸向了广告活动的各环节，如公关、媒介、市场研究等，并进行全面布局。

综上所述，2005年，中国广告市场彻底开放后，跨国广告集团在中国的扩张更加猛烈。据保守估计，截至2008年，外资广告公司（含合资、控股、独资）的份额已经占到整个广告市场的40%，如果加上传立、实力等媒介购买公司，外资企业将占到60%以上的市场份额，并且这个比例还有进一步扩大的趋势。

第五节　在华独资占据市场主导（2009—2018年）

自1993年起，我国已成为发展中国家中最大的、世界上仅次于美国的外商投资国。引进并利用外资进行经济建设，一直是我国对外开放政策重要的组成部分。其中，积极吸引外商直接投资更是重中之重。20世纪90年代后期，中外合资企业的发展势头开始逐步减缓，原有的中外合资企业出现被外资控股甚至独资的趋势（见表5-6）。在广告业中，跨国广告公司的独资趋势日趋明显。

表5-6　1993—2010年我国利用外商直接投资实际使用金额

单位：亿美元

年份	外商实际投资总金额	中外合资企业实际投资金额	外商独资企业实际投资金额
1993	275.5	153.47	65.06

续表

年份	外商实际投资总金额	中外合资企业实际投资金额	外商独资企业实际投资金额
1994	337.67	179.32	80.36
1995	375.21	190.78	103.17
1996	417.26	207.55	126.06
1997	452.57	194.95	161.88
1998	454.63	183.48	164.70
1999	403.19	158.27	155.45
2000	407.15	143.43	192.64
2001	468.78	157.54	238.73
2002	527.43	149.92	317.25
2003	535.05	153.92	333.84
2004	606.3	163.86	402.22
2005	603.25	146.14	429.61
2006	694.68	143.78	452.81
2007	747.68	155.96	572.64
2008	923.95	173.18	723.15
2009	900.33	172.73	686.82
2010	905.47	171.37	680.28

资料来源：1993—2004年数据来自历年《中国统计年鉴》和《中国商务年鉴》，2005—2010年数据来源于商务部。

跨国公司在华独资是投资环境的日益变化、全球化战略的需要、成本与收益等因素共同作用的结果。

跨国广告公司的独资化趋势对我国本土广告业最为明显的影响，是大幅抢占了国内企业的市场份额。外商独资广告公司不仅利用中方已有的营销渠道，日益成熟的互联网架构发展自己的品牌和市场，还凭借其先进的技术、完整的营销战略、雄厚的资金以及优质的服务，在客户心中树立起良好的跨国广告企业形象及品牌形象，使其在与中国本土广告企业的竞争中处于绝对优势地位，逐渐占领大部分乃至整个中国广告市场。

杨育谋认为："中国广告业的真正挑战在于国际广告集团的大规模进入。与国外广告公司差距巨大，我国所有本土广告公司的年度总营业额尚不及日本博报堂株式会社一家的年营业额。占全国广告公司数量不足1%的合资公司，其广告营业额却已经占到30%以上，国际广告传媒集团已经在中国占据了绝对的优势。"他分析称"外资广告公司不但具有了与我国本土广告公司平等竞争的地位，而且有人才优势、庞大的运作资本、先进的经营管理体制、丰富的操作经验"①。相对于外资广告公司，本土广告公司自身存在诸多问题。王兴华认为："中国大陆广告业存在结构性问题，用通俗的说法是'小作坊、土法、群众运动'。即经营单位多、规模小、效益差、专业水平低。目前，中国大陆广告业的无序竞争几乎成为各广告公司的首要选择，已经使得广告市场偏离了正常轨道。"② 但也有人认为本土广告公司也有自己的优势，可以借此优势应对挑战。谢春林认为，本土广告公司熟悉国情，在为企业提供贴身服务时，比较占优势③。宋号盛分析称，中国市场的复杂性是本土广告公司，尤其是中小广告公司的肥沃土壤④。外资广告公司由于严格的管理制度和透明的方针，只关注一些大型企业，对于广大的中小企业往往不屑一顾或是无所适从。这给本土广告公司提供了一个很好的市场空缺。

针对广告公司与媒体的关系，目前，国内的研究没有涉及广告公司，尤其是外资广告公司对媒体内容的控制和影响。而国内研究只是初步探讨了广告公司和媒体的地位对比。胡润峰认为，长期以来，中国媒体的产业化进程步履蹒跚，媒体行业进入门槛极高，所以媒介所拥有的广告发布资源成为短缺的垄断性资源⑤。在广告市场上，媒体与广告代理公司根本无法在平等的位置上谈判，媒体在价格、发布时间、版面上拥有绝对的主动权。胡润峰在文中援引中国传媒大学广告系主任黄升民教授的观点认为，广告公司壮大的重

---

① 杨育谋. 谈中国本土广告公司未来发展方向及自身对策 [EB/OL]. 人人文库. 2009-06-03.

② 王兴华. 入世后的中国广告业：隐忧、变化、对策 [J]. 浙江工业大学学报（社会科学版），2003（1）：43-49.

③ 谢春林. 我国本土广告公司存在的问题及应对策略 [J]. 中国市场，2006（Z4）：118-119.

④ 宋号盛. 外资广告公司独资与中国广告业 [J]. 大市场（广告导报），2006（2）：168.

⑤ 胡润峰. 广告掠食者：境外的广告巨头们在中国市场突然加速，本土公司形势危急 [J]. 经济月刊，2003（2）：58-60.

要条件是对媒体发布具有控制能力①。国际广告巨头的成长，得益于国外媒体市场的饱和，媒体需要有稳定的广告客户源。这就使得广告公司能够在广告市场上占据主导地位。而在中国，这种情况恰好相反，媒体占主导地位。中国人民大学舆论研究所的一篇论文显示，内地广告市场的胃口大得很，它的"饱和"时代还远未到来，经营额还有3倍左右的增量空间，这也从一个侧面佐证了黄升民的观点②。宋号盛也认为，强媒介的时代在中国还会保持相当长的一段时间，尤其是电子媒体，这些天生的资源外资是没法取代的③。在中国的国情下，媒体强势决定了它不会受制于人，只会扶持自己的公司发展。

大多数研究表明，目前，广告公司相对媒体处于一个弱势地位，但北京大学广告系刘国基教授则提供了这样一个事实：某些跨国媒介购买集团对于某些省级和地市一级电视台广告的购买量，已经超过该台总营业额的1/3，它们凭借此进行"以量制价"，要求给予特别折扣，否则进行停单制裁④。除了央视以外，所有省、地、市、县级电视台全部笼罩在所谓跨国媒介购买集团的垄断式不公平竞争压力之下。

第六节 4A式微与新营销崛起（2018年至今）

伴随着数字媒体广告分工多样化和新兴广告企业类型的不断发展，数字化转型加速推进释放产业活力。

服务于数字媒体时代的营销公司和新型广告企业急剧增长，兼营广告业务的企业数量激增，企业类型更加多元化且经营状况较为良好，在中国广告产业中形成一股势力强劲的新构成要素，广告产业多元化发展路径进一步清晰。

跨国广告公司尽管实力依然强大，但相较而言，本土互联网公司、创意

---

① 胡润峰. 广告掠食者：境外的广告巨头们在中国市场突然加速，本土公司形势危急[J]. 经济月刊，2003（2）：58-60.

② 王兴华. 入世后的中国广告业：隐忧、变化、对策[J]. 浙江工业大学学报（社会科学版），2003（1）：43-49.

③ 宋号盛. 外资广告公司独资与中国广告业[J]. 大市场（广告导报），2006（2）：168.

④ 刘国基. 必须立法管理媒介购买公司的垄断行为[J]. 广告大观（综合版），2007（1）：5.

热店、数字营销公司、营销咨询公司，在中国广告数字化转型过程中的适应性更强，跨国广告公司占据中国广告市场绝对优势的传统格局已经被打破，4A公司在中国遭遇前所未有的压力。进入中国市场近40年的扬·罗必凯在2022年6月14日正式注销公司，彻底告别广告舞台。

根据亚洲权威广告营销行业咨询机构（Campaign Brief Asia），联合中国品牌规划院（CNPP）中国品牌研究中心公布的"2022年中国广告公司50强"榜单，排名前十的广告公司（见表5-7）中，4A公司依然保持着固有优势，在中国广告业中占据重要的地位。

表5-7 2022年中国十强广告公司

排名	公司名称	所在地区	营收（亿元）	标准指数
1	蓝色光标	北京	67.1	97.32
2	奥美	上海	12.65	96.55
3	李奥贝纳	上海	10/48	96.12
4	索象中国	杭州	6.32	95.72
5	阳狮	上海	13.02	93.88
6	分众传媒	广州	148.36	93.62
7	北京电通	北京	7.36	93.28
8	麦肯·光明	北京	10.03	93.18
9	华扬联众	北京	43.02	93.02
10	天联广告	北京	6.12	92.44

中国广告市场对外开放20多年来，跨国广告公司进入中国、在中国的发展，以及在中国的本土化进程基本上是顺利的。中国加入国际市场的步伐迅速而稳健，也有利于跨国广告公司在华业务的推进。它们现在遇到的主要问题，基本上不是来自本土广告公司的竞争，而是来自媒介垄断，国内广告客户的不成熟，广告环境的不规范，成熟的广告人才缺少，等等。但随着中国广告业继续发展所需客观条件的成熟，这些问题造成的阻碍也在不断减弱，对于跨国广告公司的发展而言无疑是有利的，但与此同时，也就不可避免地对中国本土广告公司的发展带来巨大的挑战。

从在华跨国广告公司的本土化进程看，它们的代理服务从单纯代理国际品牌转向兼而代理中国本土品牌，再到代理中国本土品牌占据其业务总量的较大比重；其人才结构转向主要依靠中国本地广告人才，其中，对中国本地广告人才的运用较为集中地体现在技能培养与使用方面，而对于领导、决策以及项目开发等核心工作，中国本地广告人才的参与度仍然十分有限；广告表达从追求国际性认同转向国际性认同与民族性认同的协调一致，特别强调了对中国元素、中国文化的重视与运用；媒介服务从单一大众媒介转向多种媒介整合传播服务，从单纯媒介购买转向媒介战略的制定和实施，对新媒体的认识与运用的主动性和程度优于中国本土广告公司；针对中国的媒介和广告市场的保护主义政策措施，谋求建立行业联合或合作；尝试利用中国广告专业人才的零散化、高技能的特点，将中国小型化的专业公司变成相对依附于它们的设计制作公司。与此相比，中国本土广告公司在媒介、客户、人才、环境等方面，逐步失去了占领先机的优势和本应属于自己的主导地位。

跨国广告公司的进入给我们带来了先进的运作经验，培养出大批优秀的本土广告人，对中国广告业的专业化、规范化起到了重要的作用，功绩是不可磨灭的。但中国本土广告产业也适时借助技术和社会变革的发展机会，积极采取相应对策促成自身转型升级，不断寻求破解国内市场与国际市场竞争固有格局的路径，成为国际广告市场竞争中的重要主体和不可忽视的重要力量。

第六章
中国广告产业国际化发展成就

第一节 中国广告产业在国际广告产业中的地位和作用

一、2010—2020年全球广告市场规模统计

根据全球统计数据库（Statista）的数据（见图6-1），2010年至2019年全球广告行业市场规模不断扩大，虽然年增长率上下波动较大。近十年来保持正增长。2019年，全球广告市场规模已经超过5 600亿美元；2020年，由于受到新冠肺炎疫情的影响，持续了10年的增长趋势被打破，全年广告市场规模同比下降了1.01%。

二、2013—2020年中国广告市场规模统计

随着1979年我国广告市场的重新起步，广告行业显示出强劲的活力。近年来，我国广告市场规模快速稳定增长，2014年已经成为全球第二大广告市

图 6-1　2010—2020 年全球广告市场规模

资料来源：Statista。

场。2001 年到 2019 年，我国广告市场规模由 794.89 亿元增长到 8 674.28 亿元，年增长率远高于同期 GDP 的增长速度。总体看，2019 年受宏观经济形势的影响，国内广告行业与 2018 年相比增速有所下滑，但整体仍呈现增长态势；2020 年，受到新冠疫情的影响，虽然我国广告市场规模增长率依然在 5% 以上，但却是近 10 年的最低值，但同期比较全球广告市场规模增减情况，我国广告行业发展形势依旧乐观（见图 6-2）。

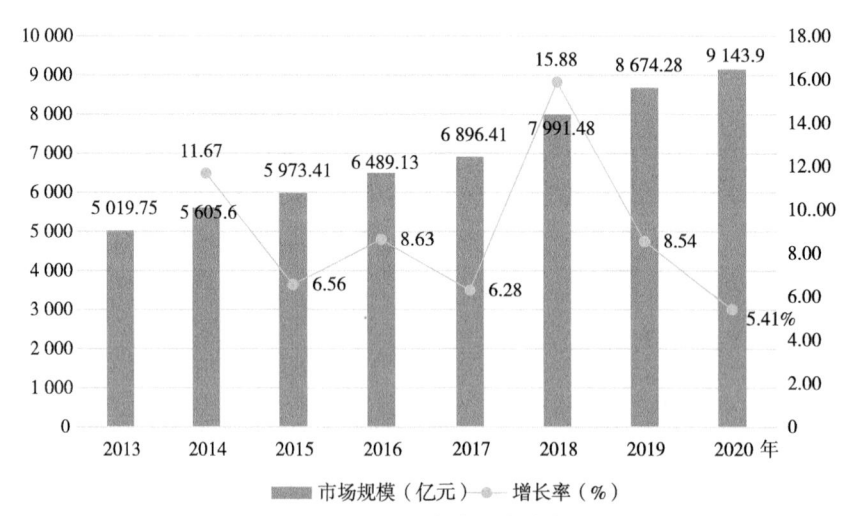

图 6-2　2013—2020 年中国广告市场规模

资料来源：根据中国广告协会、国家统计局公开数据整理。

前瞻产业研究院预计，从整个广告行业的发展趋势看，未来几年，我国广告市场规模仍将保持较平稳的增速，2020—2025年复合增长率保持在6%左右。预计2020年全年，广告行业市场规模接近9 200亿元，随后逐年稳步增长，到2022年，广告行业市场规模有望突破1万亿元（见图6-3）。

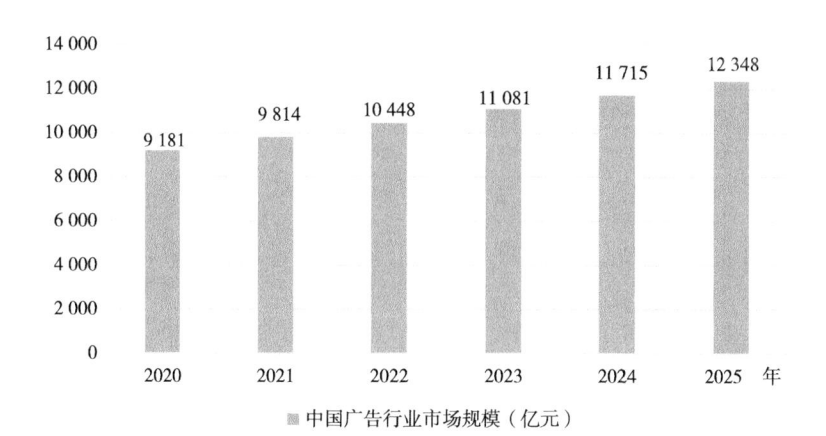

图6-3 2020—2025年中国广告行业市场规模预测

资料来源：前瞻产业研究院。

三、2014—2019年全球与中国广告市场规模年增长率对比

2014年到2019年中国经济增速放缓，但仍是全球经济增长的主要推动力之一。得益于中国大量二线及以下城市蕴藏的进一步发展机会，以及不断壮大的中产阶级带来大量的广告支出，预计未来我国广告市场规模年增长率保持在6%~8%的平稳水平。这一水平仍明显高于全球广告市场平均水平（见图6-4）。

四、2011—2021年各国广告市场规模

从广告投放总量看，投放总量排名靠前的国家仍以发达经济体为主，美国、中国和日本继续保持世界三大广告市场的地位。其中，美国仍是全球最主要的广告市场贡献国，市场规模远超其他国家。而中国作为排名前三中唯一的发展中国家，2013年超过日本成为全球第二大广告市场，广告潜力不容小视，在国际广告市场中的地位不断提升。

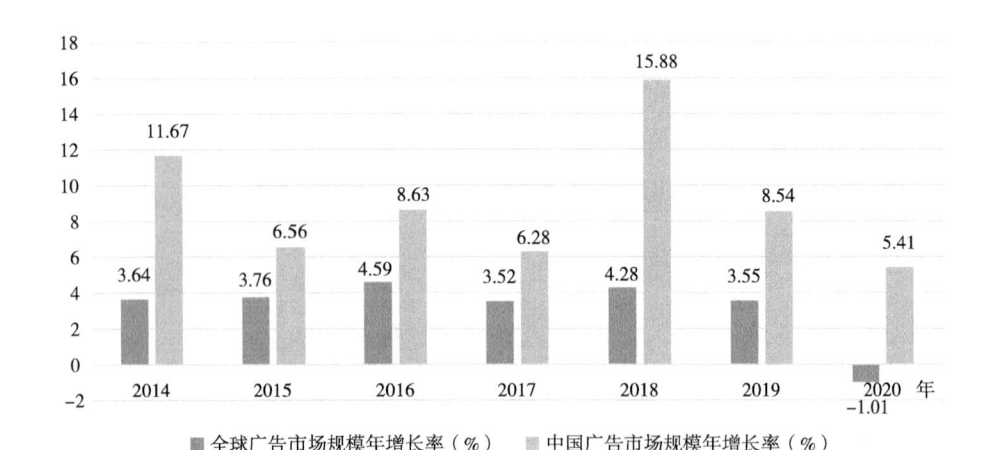

图 6-4 2014—2020 年全球与中国广告市场规模年增长率对比

资料来源：根据中国广告协会、国家统计局公开数据整理。

中国行业研究报告网发布的研究报告预测，美国和中国是几年内广告支出增长最多的两个国家，中国和美国的广告支出增长额将接近全球广告支出增长额的 1/2。2014 年、2017 年及 2020 年（预测），全球广告费用支出前十名国家的广告市场规模（见表 6-1），合计分别为 3 775 亿美元、4 253 亿美元及 4 768 亿美元。其中，2017 年广告费用支出前十名的国家合计广告市场规模占全球广告市场规模的 77%。

表 6-1 2014 年、2017 年及 2020 年（预测）全球前 10 大广告市场规模及排名

单位：亿美元

排名	2014 年度 广告市场规模		2017 年度 广告市场规模		2020 年度预测 广告市场规模	
1	美国	1 762	美国	1 975	美国	2 172
2	中国	454	中国	805	中国	974
3	日本	450	日本	430	日本	457
4	德国	246	英国	244	英国	273
5	英国	226	德国	222	德国	235
6	巴西	157	巴西	132	巴西	152
7	法国	131	澳大利亚	116	韩国	134
8	澳大利亚	123	法国	116	澳大利亚	129

续表

排名	2014年度 广告市场规模		2017年度 广告市场规模		2020年度预测 广告市场规模	
9	韩国	114	韩国	116	法国	126
10	加拿大	111	加拿大	97	印度尼西亚	118

资料来源：《2017—2022年中国广告市场发展态势及投资规划研究报告》及公开资料整理。

2021年，广告支出在疫情后增长23%，增长步伐自2022年下半年开始放缓，2023年第一季度几乎与上年持平（仅增长1%），部分原因在于，作为比较基数的上年同期增长过于强劲。由于2022年下半年比较基数较弱，MAGNA预计2023年环比增长将有所提升，全年市场增长率将达到4.6%。印度将是2023年增长最强劲的市场，随着经济的发展、媒体普及和中产阶级崛起等大环境变化，预计印度2023年广告市场规模将扩大12%。新冠肺炎疫情结束后，由于数字经济和电商的迅猛发展，中国广告市场的复苏速度已经快于预期且有进一步增长趋势。然而在经济活动疲软和营销格局趋于成熟等因素的影响下，北美和欧洲广告市场2023年都将表现欠佳（见表6-2）。

表6-2 2023年不同国家、地区广告市场及增长预期

地区	2023年广告规模（亿英镑）	2023年增长率（%）	2023年预测增长率（%）	2023年市场份额（%）	2024年预测增长率（%）
全球	824	4.6	4.8	100	6.1
北美	350	2.5	3.8	41.6	7.1
欧洲、中东和非洲	184	4.2	4.3	21.9	5.3
亚太	281	7.1	6.1	33.4	5.2
拉丁美洲	27	8.7	9.2	3.2	6.9
1. 美国	334	2.5	3.7	39.7	7.3
2. 中国	150	8.4	6.6	17.8	5.7
3. 日本	48	2.6	2.7	5.7	2.4
4. 英国	46	4.6	5.4	5.5	5.8

续表

地区	2023年广告规模（亿英镑）	2023年增长率（%）	2023年预测增长率（%）	2023年市场份额（%）	2024年预测增长率（%）
5. 德国	34	1.5	1.6	4.1	7.0
6. 法国	19	2.8	4.6	2.2	3.4
7. 澳大利亚	18	4.1	5.4	2.2	3.8
8. 加拿大	16	2.9	4.3	1.9	3.8
9. 韩国	16	6.8	7.2	1.9	3.7
10. 巴西	15	9.9	9.7	1.8	7.2

资料来源：盟诺（MAGNA）全球广告预测，2023年6月版，https://www.digitaling.com/articles/949619.html。

五、全球广告市场增长贡献者排名

在2016年对全球广告市场增长贡献最大的10个国家中，美国广告支出费用超过1 900亿美元，是中国的2倍多。中国是全球第二大广告市场，广告支出费用超过800亿美元（见表6-3）。

表6-3　2016年世界主要国家广告支出费用排名

排名	国家	广告支出费用（百万美元）
1	美国	190 835
2	中国	80 239
3	日本	37 681
4	英国	26 102
5	德国	22 065
6	巴西	13 195
7	韩国	11 561
8	法国	11 458
9	澳大利亚	11 058

续表

排名	国家	广告支出费用（百万美元）
10	加拿大	9 050

资料来源：实力媒体（ZenithOptimedia）、中商产业研究院。https://www.askci.com/news/chanye/20170713/165304102918.shtml.

2017年世界主要国家广告支出费用排名中，中国仍位居第二，仅次于美国（见表6-4）。

表6-4　2017年世界主要国家广告支出费用排名

排名	国家	广告支出费用（百万美元）
1	美国	197 474
2	中国	80 520
3	日本	42 972
4	英国	24 353
5	德国	22 192
6	巴西	13 243
7	澳大利亚	11 627
8	法国	11 604
9	韩国	11 551
10	加拿大	9 653

资料来源：实力媒体（ZenithOptimedia）、中商产业研究院，https://www.askci.com/news/chanyc/20170713/165304102918.shtml.

尽管新兴市场增长迅猛，但美国、中国仍然是全球新增广告支出的最大贡献者。中国产业信息网通过数据统计预测，从2015年到2018年，全球广告市场增长770亿美元。美国占到新增支出的26%；中国以24%紧随其后；英国排名第三，占到7%；印度尼西亚以5%排名第四。对于广告行业起步较晚，仍处在发展阶段的中国，能位居第二名，可见中国广告产业在国际广告市场的发展潜力以及影响力。

群邑（GroupM）对2021年各国广告媒介收入进行了细分排名。在音频、报纸、杂志及电影类传统大众媒体上，中国广告收入排名较低，但均在世界前十名之内。而其他媒介方面表现出色，其中户外广告收入排名第一；数字广告仅次于美国，排名第二；电视广告次于美国和日本，排名第三。无论在传统媒介还是在数字媒介上，近年来，我国广告发展迅猛，且随着我国经济，尤其是数字经济的发展，我国广告产业未来的进步空间十分广阔。

六、2015—2017年全球三十强媒体主排名

《全球三十强媒体主》报告是唯一一份依据媒体收入做出的全球最大媒体公司榜单，由阳狮集团旗下传媒机构实力媒体（ZenithOptimedia）自2007年起推出。实力媒体将媒体业务收入定义为来源于支持广告业务的所有收入，从而确定媒体公司对营销行业的重要程度。

在《全球三十强媒体主》排名中，央视自2014年首次入选，2015年由第23位上升至第20位，2016年排名第19位，2017年排名第20位。百度在2015年、2016年全球媒体排名中分别排名第14位、第9位。腾讯则在2017年入选全球三十强媒体主，排名第14位。从中国广告媒体入选企业的增多、排名的提升，可以看到中国广告市场的快速发展，以及中国在国际广告市场特别是数字广告市场的地位和影响力。

2015年、2016年、2017年《全球三十强媒体主》报告显示，2015年，中国的百度和央视两家企业入榜，分别排名第14位和第20位。其中，百度的广告收入较之2014年增长43%，其增长速度仅次于谷歌，成为全球增长第二快的媒体主。中国广告市场的快速发展以及搜索技术的不断优化，推动了百度广告收入的增长。作为本次榜单中的五家纯互联网媒体主之一，百度的入席也说明了全球数字广告的不断增长。谷歌、脸书、百度、雅虎及微软五家纯互联网公司的广告收入达710亿美元，占全球数字广告收入的68%，可见数字广告的份额主要集中在少数几个大的平台，而且这种集中的趋势越来越明显①。

实力传播预测部门负责人乔纳森·巴纳德（Jonathan Barnard）肯定了百度等来自新兴广告市场的数字媒体主的地位及价值，他表示："数字媒体和新兴广告市场的快速发展，巩固了谷歌、百度这类媒体主的地位，削减了成熟

---

① 实力传播. 全球三十强媒体主榜单［EB/OL］（2015，2016，2017）［2017-05-10］. https：//www.zenithmedia.com.

市场中传统媒体主的份额。排名前列的数字媒体公司控制着数字广告市场，但他们面临着来自层出不穷的颠覆性创新者的挑战。"[1]

在2016年的《全球三十强媒体主》报告中，百度从2015年的第14位升到第9位，央视也由第20位升到第19位（见表6-5）。脸书是榜单里速度最快的媒体主，媒体业务收入较2015年增长65%；百度是增速第二快的媒体，较2015年增长52%；Alphabet的增速排在第三，增长17%。

表6-5 2016年全球三十强媒体主排名

排名	媒体主	排名	媒体主
1	谷歌	16	时代华纳
2	迪士尼	17	微软
3	康卡斯特	18	朝日新闻公司
4	福克斯	19	中国中央电视台
5	脸书	20	赫斯特集团
6	贝塔斯曼	21	德高集团
7	维亚康姆	22	阿克塞尔·施普林格
8	哥伦比亚广播公司	23	梅迪亚塞特
9	百度	24	独立电视公司
10	新闻集团	25	富士传媒
11	先进出版公司	26	布尔达传媒集团
12	我心传媒	27	甘尼特
13	探索通信公司	28	德国卫星一台
14	环球集团	29	读卖新闻控股公司
15	雅虎	30	时代公司

数据来源：实力传播公开数据整理，https://www.zenithmedia.com/zenithoptimedia-group-launches-new-global-positioning/.

在2017年的排名中，美国依然是全球最大的广告市场。三十强名单中，

---

[1] 搜狐网.百度成为国内最具影响力媒体平台［EB/OL］.(2015-05-14)［2020-03-12］. https://www.sohu.com/a/15297420_132450.

多数是美国企业，而中国企业也有不错的成绩，共有3家企业上榜，其中百度排名第4位，腾讯排名第14位，中央电视台排名20位。

从市场规模看，三十强媒体主所占有的广告市场份额超过2 300亿美元，三家上榜的中国媒体占有的市场规模大约为180亿美元，即中国媒体在三十强榜单中所占据的市场权重大约是7.5%。中央财经大学文化经济研究院院长魏鹏举认为，中国企业能够在榜单占据这样的比重，意味着国内媒体已经具备了一定的实力，未来还会有更多的国内互联网企业进入三十强的榜单。魏鹏举说："中国现在已经仅次于美国，成为全球媒体影响和媒体收益大的国家之一了。纵向比较，这应该是一个非常惊人的进步。未来，中国新媒体将有希望出现更快的发展，阿里巴巴也有可能会进入这份榜单。"①

从媒体广告投放量的增速看，三十强当中增速最快的是推特，2012—2016年，推特广告收入增长了734%。2017年《全球三十强媒体主》显示，按增长速度计算，腾讯仅次于推特排名第二，2012—2016年广告收入增长697%，超过脸书的528%的增长速度。

根据杰尼斯的数据，央视在2016年的广告收入比2015年出现了小幅下降。但从2017年的中央电视台广告招标会上可以看出，央视通过"国家品牌计划"和"超级IP资源招标"的服务形式共吸金约67亿元，总成绩超越2016年。在2017年11月8日广告招标会现场，中央电视台仅拿出3个广告资源组合，就创造了销售额提升65%的增长奇迹，远高于2016年招标会当日21个资源组合、7%的广告增幅。

七、2011—2021年全球数字广告市场规模统计

随着科技的发展，电脑、移动终端等电子产品迅速普及，媒介形式逐渐多样化，广告形式的内容也日趋丰富。根据eMarketer的数据，2012年全球数字广告市场规模突破千亿美元；2016年突破2 000亿美元，增长至2 081亿美元；2019年，全球数字广告市场规模为3 333.25亿美元，同比增长17.6%；2021年，全球数字广告市场规模超过5 000亿美元（见图6-5）。

随着数字经济的发展，中国、英国、澳大利亚、美国等数字广告已经占据了广告市场的主导地位。2019年，中国数字广告占广告市场总份额的

---

① 魏鹏举. 中国文化创业投融资体系研究［M］. 云南：云南人民出版社，2014：11.

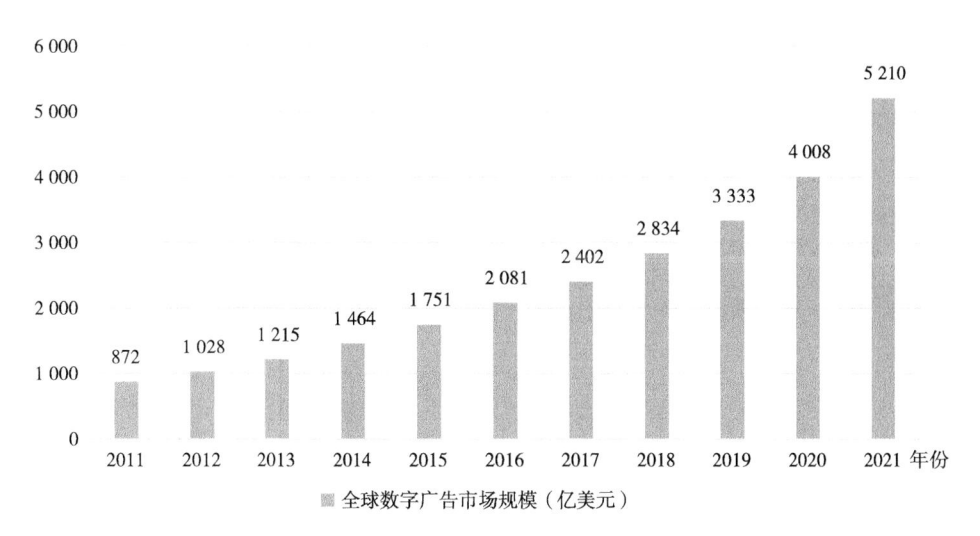

第六章 中国广告产业国际化发展成就

图 6-5　2011—2021 年全球数字广告行业市场规模统计

数据来源：eMarketer，https://www.emarketer.com/

69.5%，英国、澳大利亚、美国等数字广告在总广告市场份额中的占比均超过 50%（见图 6-6）。

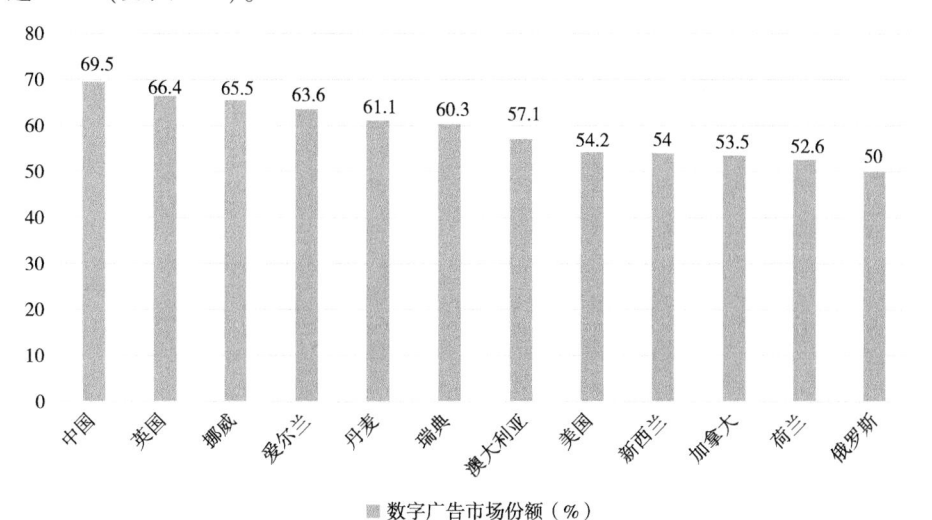

图 6-6　2019 年全球主要国家数字广告市场份额统计

数据来源：eMarketer，https://www.emarketer.com/

八、2016—2020年中国数字广告市场规模统计

随着科技的发展，大众的消费模式甚至生活模式都发生了很大变化。中国互联网络信息中心发布的《第48次中国互联网络发展状况统计报告》显示，截至2021年6月，中国网民规模达10.11亿人，较2020年12月增长2 175万人，互联网普及率达71.6%；网络视频（含短视频）用户规模达9.83亿人，网络购物用户规模达8.12亿人，占网民整体的80.3%。网民数量的增加，为数字广告的发展提供了流量基础。公开数据显示，2020年，中国数字广告市场规模达7 666亿元，同比增长18.6%，较之前几年增速放缓（见图6-7）。这与新冠肺炎疫情有一定关系，但随着中国数字经济的发展，数字广告前景依然明媚。

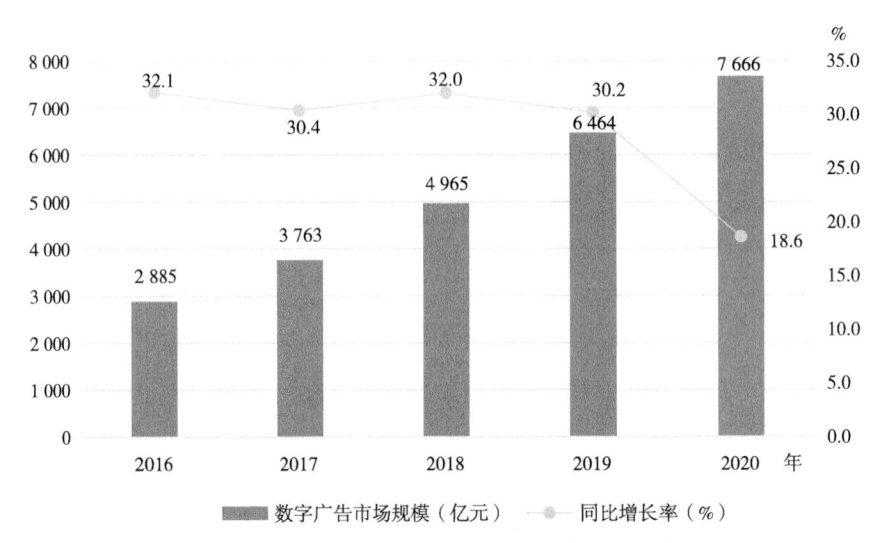

图6-7　2016—2020年中国数字广告市场规模

资料来源：根据国家统计局、中国广告协会公开资料整理。

随着市场的发展，数字广告的市场构成份额在持续调整，搜索引擎广告的占比在逐年下降，而电商广告和信息流广告占比近几年持续上升。艾瑞咨询数据显示，2020年，中国电商广告和信息流广告市场份额分别为39.9%和32.9%（见图6-8）。随着大数据、人工智能等技术的发展，各类媒体在信息流内容的布局上不断深化。新冠肺炎疫情结束后，人们的生产生活得到恢复，数字广告也逐渐进入平稳发展阶段。

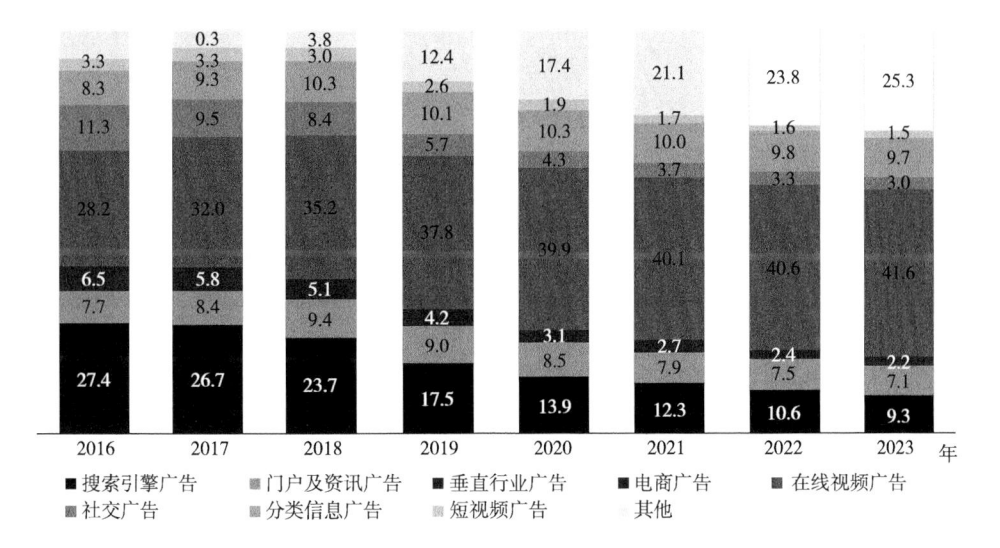

图 6-8 2016—2023 年中国不同形式数字广告市场份额（%）

年份	搜索引擎广告	社交广告	门户及资讯广告	分类信息广告	垂直行业广告	电商广告	在线视频广告	短视频广告	其他
2016	27.4	7.7	6.5	—	28.2	11.3	8.3	—	3.3
2017	26.7	8.4	5.8	—	32.0	9.5	9.3	—	3.3
2018	23.7	9.4	5.1	—	35.2	8.4	10.3	—	3.8 / 3.0
2019	17.5	9.0	4.2	5.7	37.8	10.1	2.6	12.4	—
2020	13.9	8.5	3.1	4.3	39.9	10.3	1.9	17.4	—
2021	12.3	7.9	2.7	3.7	40.1	10.0	1.7	21.1	—
2022	10.6	7.5	2.4	3.3	40.6	9.8	1.6	23.8	—
2023	9.3	7.1	2.2	3.0	41.6	9.7	1.5	25.3	—

注：①搜索引擎广告包括搜索企业的所有广告形式；

②电商广告包括垂直搜索类广告以及展示类广告，例如、淘宝、去哪儿及导购网站；

③分类信息广告从 2014 年开始核算，仅包括 58 同城、赶集网等分类网站广告营收，不包含搜房等垂直网站的分类广告营收；

④其他包括音频、直播、游戏等媒体产生的广告收入，2018 年含短视频，2018 年后将短视频单独拆分。

资料来源：根据企业公开财报、行业访谈及艾瑞统计预测模型估算，艾瑞咨询整理。

除了整体的社会经济环境，行业企业的发展也为中国数字广告的发展起到了极大的作用。以阿里巴巴、百度、腾讯、字节跳动为首的中国互联网公司的产业布局，对中国数字广告整体的发展起到了推动作用；阿里妈妈、磁力引擎、腾讯广告等媒体服务平台，为数字广告的智能生成及投放提供了可用路径；京东、淘宝、拼多多等电商平台的发展为数字广告的发展提供了流量入口；抖音、快手等短视频平台的崛起更是为数字广告发展提供了新的形式和可能性。

第二节　中国广告产业服务于国家形象传播的能力

2003年，中国在广告宣传服务方面的国际服务贸易由逆差迅速转变成为顺差，进出口差额由2002年的-0.22亿美元提升为0.28亿美元，实现了国际广告服务贸易的大逆转。近年来，中国广告宣传的国际竞争力显著增强，2016年，中国广告服务出口额达255亿元，同比增长63.4%。随着中国广告产业的不断成熟，中国广告企业的创新能力和出口能力持续加强，在拓展海外业务和抢占海外市场方面表现出强大的冲击力。

一、中国国家形象和城市形象传播状况

从国家和城市形象传播的实践看，近年来，中国广告产业积极参与服务于国家和城市形象传播。2008年，国家形象广告《幸福篇》制作完成；2009年，商务部牵头制作的形象广告《中国制造，世界合作》亮相美国有线电视新闻网，是中国首次开展的海外传播；2011年，中国首部以国家形象冠名的形象宣传片《中国国家形象宣传片——人物篇》在CNN、BBC和美国纽约时代广场的户外大屏播放，不久，其姊妹篇《角度篇》也在全网上线；2017年，党的十九大召开期间，人民日报制作并发布了国家形象宣传片《中国进入新时代》，在网上受到极大关注；2018年，人民日报制作的国家形象宣传片《中国一分钟》（由《瞬息万象》《跬步致远》《美美与共》3部短片组成）在YY直播平台上推出，迅速引爆围观热潮。除国家层面外，许多城市也制作了城市形象宣传片、城市旅游宣传片，并将其通过特定的媒介加以传播，特别是一些有影响力的传统媒体在城市形象传播中得到了极大青睐。

自中国国家广告形象宣传片在纽约时代广场播出之后，成都、桂林、张家界、井冈山、青岛、丽江、上海等城市，以及江苏、福建、山东等30多个省都将城市形象宣传片投放在纽约时代广场。这些城市形象宣传片大多以特定主题建构具有地方地域特征和文化内涵的地方形象，如成都的"典型中国，熊猫故乡"，山东的"好客山东"，上海的"魅力上海"，等等，均是经历复杂策划和传播的国家和城市形象的日常性建构，旨在建立对中国及中国城市的认知和好感，推动中国各方面的建设和发展。

以山东为例，2007年，以山东文化为品牌形象的"好客山东"，经过概念提出、品牌形象设计，采用集群式传播进行广泛推广，此后围绕这个概念，山东省各市相继推出宣传片，如2015年的"泉城济南魅力城市"，2017年的"人间仙境中国蓬莱"，2018年的"大美东营"，2020年的"孔子故里至诚济宁"，2021年3月的"成长青岛"、10月的"青春青岛"、12月的"聆听青岛"，等等。

二、国家与城市形象传播的广告服务选择

（一）国家与城市形象传播的复合型服务体系

2008年，中国第一部国家形象广告《幸福篇》，由本土广告公司上海梅高创意咨询有限公司设计制作。花了四个月制作出来的宣传片，最终于2008年8月6日起在BBC等媒体的黄金时段播出，伴随着北京奥运会播了近两个月。在创意策划阶段，梅高广告请了多名广告业内的顶尖级策划人才出谋划策。智威汤逊、麦肯、奥美等顶级广告公司的创意总监都参与其中。2011年播出的国家形象广告，由中外合资的上海灵狮广告公司完成。事实上，制作一个反映整体国家形象的宣传片，单一的广告服务机构很难独立完成，需要动用各方力量共同完成。

2018年的国家形象宣传片《中国一分钟》由人民日报制作并首发。这是国家形象宣传片制作的一大突破，意味着国家形象宣传片拍摄的主动权开始更多地掌握在主流媒体而不是广告代理公司手中。近年来，短视频平台异军突起，更是掀起了全民制作视频的热潮。未来，主流媒体主导、普通大众创造的国家形象宣传片或将出现和传播。

（二）广告产业的发展对国家与城市形象宣传路径的影响

随着数字媒介的崛起，广告形式愈加丰富。虽然国家形象与城市形象宣传片还是以长视频为主，但传播途径较之前有了很大变化。2008年，我国第一部国家形象宣传片《幸福篇》的刊播媒介为国内外电视台、美国纽约时代广场，而刊播的时间多选在黄金时段、广场人流量大的时段。可以说那时国家形象宣传片通过媒介和时间争取最大的关注度。近年来，随着社交媒体以及短视频平台的崛起，国家形象宣传片的传播方式也从争取尽量多的"被看见"，转变为尽量多的"被传播"，受众不再仅是视频的观看者，而转变成视频的传播者、制作者甚至再制作者。

2018年两会期间，人民日报推出系列宣传片《中国一分钟》，3月5日在网络上推出第一部《瞬息万象》，借由各大门户网站、人民日报微信平台等新媒体以及众多普通网友的转载，线下各地户外大屏，机场、火车、地铁、公交车等屏幕播放，在国博"复兴之路"大型主题展览中播放，并被翻译成多国语言版本，在海外社交账号发布，还被欧盟记者网等海外媒体在首页等位置转载，实现国内和国际传播的良好效果。

随着数字媒体的发展，中国的网民基数以及广告媒介本身的变迁，对国家形象传播带来极大的积极影响。线上线下联动，主动传播和受众自发传播相结合，全平台大声量的传播规模。这些新变化重塑着国家形象及城市形象宣传片的制作及传播方式。新的时代要求国家形象及城市形象宣传片"发挥传统媒体和新媒体各自优势，升级传播模式和思维方式，改进传播语言体系"[1]。社会的需求和发展改变着国家和城市对外宣传的需求，也形塑着广告行业的发展方向；同时广告行业的新发展、新变化也为国家和城市宣传方式提供了新的无限可能。

三、数字广告场景中的国家形象和城市形象

作为文化产业中最核心的产业，数字广告发展在发挥经济效用的同时，也推动着国家社会和精神文化等领域的塑造和建构。通过创意的数字化和传播的创新性，对外扩大中国文化内涵的传播声量和国际认同，对内促进人们形成价值共享和观念认同，打造数字时代特有的国家形象和城市形象新风貌。

（一）国家形象和城市形象数字化图景增强大国"软实力"

伴随全球化进程的持续推进，国际政治博弈的焦点实现了"从实力政治到形象政治的转移"[2]，国家和城市形象日益成为国家之间竞争发展、协作共处过程中绕不开的话题。国家形象是国家在国际社会中，通过交往互动而被对象国赋予的一种身份表达、折射，是综合的整体印象[3]。

---

[1] 王小梅，司显柱. 中国国家形象宣传片中的国家形象嬗变考察 [J]. 当代电视，2021（2）：77-81.

[2] 刘乃京. 媒体全球化对外交的挑战 [J]. 国际论坛，2001（3）：30-34.

[3] 丁磊. 国家形象及其对国家间行为的影响 [M]. 北京：知识产权出版社，2010：81.

国家和城市形象也是一套零碎而系统的认知和记忆体系，不仅需要在长期的传播过程中逐渐形成，而且由于个体差异，每个个体感知的城市形象并不一致，传统形式的形象传播往往评价不一，形塑一个被世界上绝大多数国家或主要国家认可的国家形象和城市形象，已成为一个长期的、系统的工程。国家和城市形象广告数字化传播通过系统性整合碎片化传播内容，提高传播的个性化、互动性和参与度，完成了社会互动，实现了以柔性方式塑造更为丰富饱满的国家和城市形象的意义建构。

目前，数字产业相对发达的北京、上海、深圳、广州通过庞大的人口数量，不断扩大的开放发展势头，蓬勃的社会经济文化事业体系，以及数字广告在城市形象和文化传播中的作用发挥，在中国经济增长中扮演着重要角色，成为国家经济的重要支撑和国际经济交流的重要枢纽，也是中国国家和城市形象的重要代表。从经济实力、治理能力、文化体验、居住生活、城市形象、发展潜力六大指标进行综合分析评价，城市排名评估领域权威机构GYbrand独家编制的"2022年中国百强城市排行榜"中，仍延续"北上广深"的排序。作为粤港澳大湾区核心引擎城市，广州的排名依然在深圳之前，但两者的品牌价值进一步缩小，深圳有望在不久的将来超过广州。北京、上海、深圳、广州在京津冀协同发展、长三角一体化、粤港澳大湾区建设中发挥着龙头作用，对于国家宏观经济全局发展具有不可替代的意义。

此外，从综合实力排名看，共有15个新一线城市入选2022年全国百强城市名单，即杭州、成都、苏州、南京、重庆、武汉、天津、长沙、西安、青岛、郑州、宁波、佛山、东莞、合肥。这些城市以政策为抓手，在人才、产业等方面优化环境、强化战略、扎实行动，并借助新兴技术和新型产业在城市发展和城市宣传中的商业价值，着力打造城市品牌，把握城市发展的风口，建构起独特的发展优势。

国家发改委在《2022年新型城镇化和城乡融合发展重点任务》中明确提出，健全城市群一体化发展机制和培育发展现代化都市圈。对京津冀协同发展、粤港澳大湾区、长三角一体化、成渝地区双城经济圈、长江中游、北部湾、关中平原城市群发展等，进行了宏观规划和战略部署。未来新一线城市的形象传播将在政策支持下，倚靠更多的机遇和更优质的资源条件实现进阶式发展，为进一步推动国家经济的区域化发展，以及带动周边省市发展，构建更为丰富饱满的中国国家形象贡献力量。

2022年4月，参考消息发布《中国城市对外交往影响力分析报告（2022）》，将对外展示度表现与外交活力度、经济开放度，共同作为评估城市对外交往影响力的指标。2022年12月，参考消息报社与新华社新闻信息中心共同发布的《中国城市海外影响力分析报告（2022）》，以城市国际传播作为切入点，以城市海外交往连接度、城市海外媒体呈现度、城市海外网络关注度、城市海外旅游美誉度、城市海外智库热评度为评估指标，开展中国城市海外影响力研究，全面准确分析中国城市海外影响力现状和趋势，为城市国际传播工作提供参考。2023年7月，参考智库与中外传播智库联合发布"中国城市海外社交媒体传播力指数（2023年6月号）"。从海外社交媒体的综合传播力指标看，排序靠前的已不再限于北京、上海、广州、深圳等一线城市，城市主体和地理位置呈现出多样化趋势（见表6-6）。南京、成都、武汉在海外社交媒体综合传播力方面排在前三名。这一方面得益于它们组建了专业化的海外传播和运营队伍，在海外社交媒体平台打造自身账号矩阵，并保持着传播活跃度；另一方面，三座城市面向海外受众塑造了较为清晰且辨识度较高的城市形象，如南京的"文学之都""和平之都"，成都的"天府文化""休闲之都"，武汉的"历史文化名城""生态之城"。这些特色鲜明的城市形象，大幅提升了城市的国际传播力、影响力和感染力。

表6-6 "中国城市海外社交媒体传播力指数"前10的城市

排序	综合传播力指数TOP10	脸书（Facebook）传播力指数TOP10	Twitter传播力指数TOP10	Instagram传播力指数TOP10	视频平台传播力指数TOP10
1	南京	南京	南京	武汉	西安
2	成都	武汉	天津	成都	成都
3	武汉	北京	济南	杭州	广州
4	北京	青岛	厦门	南京	沧州
5	青岛	厦门	武汉	上海	重庆
6	重庆	成都	沧州	厦门	青岛
7	杭州	烟台	福州	黄山	北京
8	厦门	济南	烟台	常州	深圳
9	上海	重庆	宁波	绍兴	南京

续表

排序	综合传播力指数 TOP10	脸书（Facebook）传播力指数 TOP10	Twitter 传播力指数 TOP10	Instagram 传播力指数 TOP10	视频平台传播力指数 TOP10
10	沧州	湛江	杭州	宁波	杭州

注：以2023年6月1日至6月30日为监测周期，以120个中国城市为监测目标，数据覆盖范围为Facebook、Twitter、Instagram、YouTube和TikTok等5个海外社交媒体平台。

上述研究均表明，中国城市借助海外社交媒体平台进行国际传播的意愿和主动性越来越强。数字广告以更具创新力、影响力的传播手段和内容提升了城市的国际形象，中国城市在讲好城市故事、推进全球化表达方面已小有成效。北京、上海、广州等城市的国际传播效能进一步提升，武汉、成都、杭州、沈阳等省会城市的国际能见度和美誉度也有所增强，此外，涌现出前海、烟台、盐城、连云港、中山、景德镇、太仓等城（区）国际传播的积极践行者，正成为向世界传递中国主张、中国智慧、中国方案的主力军之一。

伴随着中国数字平台和数字化产品的国际化进程不断推进，广告行业将在国家形象和城市形象海外传播，加强国际传播能力建设，促进对外文化交流和多层次文明对话，增强中华文明传播力、影响力，提升国家文化软实力，推进文化自信自强，加快建设社会主义文化强国的事业中发挥更加重要的作用。

（二）国家形象和城市形象数字化传播实现路径

1. 数字化形象打破失控阈限

随着数字化技术的层出不穷，连接的主体和消费者间不再局限于传统特定介质的媒体形式。社交媒体的出现使媒介在时间和空间的偏倚上取得了较好的平衡，在内容和社交两个层面上对大众传播媒介做出了双重属性的补偿[①]。

2017年10月21日，人民日报客户端发布国家形象宣传片《中国进入新时代》；2018年，人民日报推出国家形象宣传片《中国一分钟》，以"今天的中国，每一分钟会发生什么"为切入点，展示中国的每个巨变，发布两小时

---

① 程明，程阳. 论智能媒体的演进逻辑及未来发展：基于补偿性媒介理论视角[J]. 现代传播（中国传媒大学学报），2020，42（9）：1-5.

点击量就突破百万；2023年3月10日，人民日报新媒体发布最新国家网宣片《PRC》，全片英文配音，中英文字幕，向世界展示中国。上述国家形象宣传片充分利用数字广告的互动性和社交性，打破了传统媒介间的信息壁垒，以多元复合信息解决传统广告下信息与消费者的分离困境。信息的多维覆盖和社交互动上的需求补充，推动了广告内容从单维度、非完全信息向着多维度、完全信息的改变，基于感官认知之上的多维度信息，以动态化融合的方式完整地呈现作品所蕴含的文化内涵和价值理念。

2. 微观切入打造文化多元面向

不同国别民众受历史、语言、社会环境等影响，审美及接受心理皆有不同。数字广告借助社交媒体搜集的海量用户数据，充分提炼和利用不同文化间可产生共情的符号，在尊重不同文化的基础上进行重新编码，除了融入京剧、太极、故宫、长城等具有极高辨识度的中国元素外，也通过深入中国这个宏大有机体的每个细胞中去记录和表达，从某个重大仪式或事件的记录、标志性景观建筑到街头的某人某事、一花一草，内容无所不包，投射层面跨度大，从精准细腻的细节对中国风俗文化、旅游景点、市民性情、城市和乡土精神等维度进行延伸解读，建构传统中国文化传播无法触及的细节脉络，整合成中华文化更具人情味和亲切感的主题、氛围、风格和特质。通过多元多维中国元素的集中展示引发国际公众的兴趣，也避免了单一作品中意图通过中华文化元素堆砌实现面面俱到，反而使得公众无法真正了解或忽略掉作品中所蕴含的文化内涵及价值理念。在凸显中国文化的个性和独特优势的同时，适应了不同国别和民族的审美接受心理，减少了广告沟通的文化障碍，更好地塑造着中国形象。

3. 大数据算法实现场景共情

数字广告对处于不同场景中的用户分析，有助于进行有针对性的、多维度、长过程、分层次、即时化的创意素材记录、生产、分发，放大传播声量，让中国声音"入脑入心"。在中国城市的数字化国际传播中，从人类共通的理念和感情设置议题，找到海外受众的关注点和共情点，有效突破文化隔阂，通过与受众的互动交流，有效提升国际传播效能。通过社交媒体建立多种线上连接关系，并基于大数据建构起情感互通的场景化体验，成为数字化时代人类传播效果的重要影响因素。

要充分利用和发挥我国在数字媒体生产、应用上的技术优势，实现在智能终端的虚拟性、沉浸式、场景化传播,增强受众的多感官体验,并依据广告的传播效果与反馈,即时调整和修正传播内容,借助数字媒体的全球影响力形塑良好的国家形象。例如,腾讯利用内容、技术与工具优势,推动中华文化的创造性转化与创新性发展,当好国际传播能力建设的"数字化助手"。腾讯的具体做法包括:一是通过释放文化IP生产力,助力提高中国形象亲和力;二是通过发挥技术连接力,助力提高中华文化感召力;三是通过提升工具聚合力,丰富解决全人类文物保护难题的中国智慧、中国方案,助力提高中国国际传播影响力。在北京冬奥会期间,由文化和旅游部中外文化交流中心、中国国际电视台、微信联合出品的《冰雪中国》系列直播活动,把北京冬奥会和腾讯平台对接起来,通过微信视频号等国内新媒体平台和推特、脸书等海外社交媒体发起冰雪中国直播活动,邀请各国共赴一场冰雪之约,共赏中国各地的冰雪之美,共庆虎年春节和冬奥,成为展示中国优秀传统文化的创新实践。《冰雪中国》以国际视角传递中国的冰雪精神,从多角度挖掘中国各地特色传统文化内涵。通过中方主持人、外籍微信视频号创作达人体验,直播+短视频+话题互动等手段,向公众传递中国多地、多类型、多民族的冬日民俗和冰雪运动,向海内外观众展现冰雪中不一样的华夏魅力。腾讯海外视频平台(WeTV)也着力通过各种节目向世界讲好中国故事,让中国故事引起海外用户更多的共鸣,实现中国故事更自然的传播,实现中国内容破圈传播。

国家和城市形象的形塑是一个循序渐进的过程。人类历史文明进程中,存在很多文化间相互交流并日渐融合的案例,无一不是建立在长期交流互鉴基础上的。以数字广告为重要途径的国家和城市形象塑造也需要长期的积累,并有计划地分阶段、分国别、分场景传播中华文化,在提升全球公众对于中国国家和城市形象的认识与理解中发挥数字广告的应有之力。

第三节 中国广告产业服务于中国品牌国际竞争的能力

一、中国品牌的国际化传播状况

在全球市场中,中国产品经历了从"中国制造""中国创造""中国创新"的进阶历程。中国品牌在全球的市场占有率和品牌美誉度大幅提升。但同时，面对以欧美为代表的发达国家、以"一带一路"沿线国家为代表的新兴市场等不同的市场环境，中国品牌和广告传播也表现出不同状态和效果。

（一）创新是中国品牌国际竞争的核心竞争力

在海外市场中，中国品牌在创新方面的优势已经深入人心。核心技术的提升让中国品牌更具市场竞争力，特别是在电子产品、新能源汽车、信息技术与软件、数字娱乐产品、能源、基建等行业，在全球具有较高认可度；美妆、日用品等在亚洲、中东等海外市场的推广也有所收获。

中国品牌从早期的价格优势发展至今，逐渐建构起品质、价格、服务和客户关系的多面体。从广告传播的角度，国家实力、国家形象和国家声望的增强有助于推动中国品牌全球传播。在全球范围旧的世界格局不断被打破，新的世界格局逐渐形成的新时期，中国品牌把握全球社会变动中人的感知和需求，将中国思想、观念、生活方式与中国产品和品牌密切黏合，在表现形式上不再一味强化传统中国元素的运用与推广，而将中国元素中更具普适性的人文关怀和价值观念抽取出来，辅以现代性的表达，在世界范围更进一步地诠释与传播，成为触动、感染以及影响世界的重要因素。

从消费者感知角度，中国品牌在当地市场的活跃程度大幅增加，中国品牌在海外市场的存在感持续增强。特别在"一带一路"沿线国家，消费者普遍认为，中国品牌的进入极大地增加了商品的选择范围，提升了生活质量和便利程度，有助于帮助改善提升公共设施服务。这为中国品牌打破"价格低、质量差"的固有印象提供了新的战略和思路。在制定价值策略的时候，中国品牌可以有意识地强调中国的技术和产品，可以提升当地居民的生活质量和便利程度，以及中国品牌和企业对当地经济的积极影响。一方面，可以在消费者心中建立"中国产品＝高科技"和"中国产品＝行业顶尖"的联想；另一方面，强调中国品牌的"赋能"属性，即推动经济发展、社会进步、生活质量提升，以此拉近与海外消费者的情感距离，建立信任感。

（二）中国品牌在国际市场的接纳度和信任度任重道远

近年来，中国品牌逐渐习惯与其他国家品牌在海外市场同台竞技，各国消费者对中国品牌的心态也愈加开放和理性。从不同区域的接纳程度看，受国际关系震荡的影响，特别是在信息技术、电子产品等领域，由于其可能涉及的技术竞争和信息安全等问题，中国品牌在欧美市场的表现呈现波动性；

在美国、日本、韩国、德国等市场,本土品牌在长期的质量控制和信誉建设中拥有稳定的品牌价值,在本土及全球市场均有较高的接纳度和信任度,相较而言,中国品牌进入这些市场仍存在一定的屏障和阻碍;在"一带一路"倡议的推动下,"一带一路"沿线国家对中国品牌的信任度持续上升,但各国消费者普遍更信任和支持本国的品牌,对发达国家如美国、日本、德国的品牌信任度也超过中国品牌。

根据品牌战略管理咨询公司英图博略(Interbrand)公布的2022年全球最佳100个品牌,中国仅有小米(排名84,品牌价值73.26亿美元)和华为(排名86,品牌价值66.34亿美元,年增长率7%)上榜,相较2021年,小米的进入为中国品牌多争得一席,但从品牌价值及其年增长率看,与排名首位的苹果(品牌价值为4 822.15亿美元,年增长率18%)仍存在较大差距,中国品牌在全球范围内的成长和竞争依然任重道远。

(三)数字媒体仍是品牌传播的主要途径

数字媒体特别是社交媒体的兴起,为中国品牌海外传播打破传播媒体制造的宣传舆论噪声和刻板印象,获得传播的主动权提供了便利。数字媒体在塑造品牌形象的过程中,不再仅看重传播范围和人数规模的量化指标,更通过个人化、个性化的品牌情感联结,激发消费者对品牌的认知、接受和归属感,从而建立与消费者的积极关联。

数字媒体平台是海外消费者获得中国产品信息和品牌资讯的最主要渠道,包括电商网站、社交媒体、数字广告、短视频平台等。中国数字媒体平台在海外的业务拓展,特别是短视频平台和电商平台的积极布局,使得在中国本土萌生且兴盛的数字营销方法(如短视频营销、直播带货、短剧营销等),均能较快地应用于海外市场,实现平台与品牌在海外市场的双赢。

二、中国品牌开拓国际市场的广告服务选择

自2017年以来,全球最大的广告传播集团WPP和全球领先的咨询机构凯度华通明略联合谷歌,开始对中国品牌的海外实力进行评估。通过对全球39万余用户的消费习惯调查,甄选在海外市场经营最为成功的中国品牌,其中品牌介绍(BrandZ)"品牌力"得分彰显了品牌在海外重点市场(法国、德国、西班牙、英国、美国、澳大利亚和日本)的消费者认可度。上榜品牌

均为得到海外用户较高认知度的企业。其中，联想是"最以出口为导向"的品牌，其72%的收入来自海外；而华为和中兴分别有58%和47%的收入来自中国以外的市场。

本部分借鉴品牌介绍"品牌力"的内容，并参考国内公众的意见，选出六个海外传播力度较大的中国品牌，介绍其开拓国际市场的广告服务选择。

（一）华为

2012年，百比赫（BBH）获得华为全球创意代理业务。WPP和宏盟集团为品牌咨询合作伙伴，负责为其开展全球企业品牌活动。

2013年，盛世长城获华为全球传播业务。《以行践言》（Dream It Possible），代理商：盛世长城。

2016年，李奥贝纳中国获得华为全球创意代理业务。

2016年，《今年此刻》，代理商：LH-TBWA（欧洲）。

2017年，华为P10广告（Glitter Gloss代言），代理商：Havas。

2018年，北京电通获得华为公司全球内容营销业务。

华为海外业务平面设计，代理商：深圳共同设计顾问有限公司。

HUAWEI Mate9，HUAWEI Mate10，HUAWEI P10，代理商：因赛集团（广东因赛品牌营销集团股份有限公司）。

2021年11月，华为鸿蒙（HarmonyOS）多机位模式，代理商：哈瓦斯（Havas）。

（二）联想

2017年，联想全球形象广告片，联想YOGABOOK系列广告，代理商：奥美。

2017年，联想集团正式确认爱德曼集团旗下的公关公司（Zeno）担任其全球公关事务代理商。

（三）海尔

2008年，北京奥运会海尔广告，代理商：博达大桥（DRAFTFCB）中国、扬·罗必凯。

2011年，上海智威汤逊获得海尔的品牌营销业务。

2012年，阳狮上海获得海尔旗下白色家电品牌的创意业务。

2017年，《跟踪狂》，代理商：Altmann+Pacreau。

（四）海信

2016年，麦肯上海成为海信两大体育营销项目的创意代理合作商。

2017年9月，海信双屏手机A2推出"被偷走的阅读时间"系列活动，代理商：有为时代。

2021年9月，海信推出VIDAA电视系列广告片《大有可玩》，代理商：共振无界（R&B）。

（五）青岛啤酒

2010年，奥美广告获得青岛啤酒广告代理业务。

2018年，达彼思中国与青岛啤酒就2018年度品牌推广项目达成合作协议，达彼思中国将为青岛啤酒在2018年度提供活动策划、创意、评估、总结等服务。

2019年，青岛啤酒"用欢聚连接世界"品牌电商广告片，代理商：哈瓦斯上海（HavasShanghai）。

（六）阿里巴巴

2018年，阿里巴巴启动首个全球集团品牌形象战役"相信小的伟大"，代理商：环球网络公司、宏盟中国团队。

2019年8月，阿里巴巴推出视频广告"这里有一些你必须要'小心'的女人"，广告代理商：天联广告（BBDOChina）。

2020年6月，菜鸟发布系列广告"生活就像剥洋葱，也可以泪中带着笑"，广告代理商：阿里巴巴集团。

2021年8月，东京奥运会期间，阿里云推出"飘在云上的东京奥运会"（TOKYO 2020 ON CLOUD）营销活动，广告代理及制作：卡州（KASAKII）上海。

2021年11月，阿里旗下淘菜菜推出4支系列广告，主题是：让买菜这件"小事"，成为成就幸福生活的"大事"。

2022年，阿里巴巴发布冬奥预热片《让精彩每天出彩》，代理商：麦司卡林（McCann）。

总体而言，中国品牌进行国际广告传播多选择合资企业以及国外企业，很少选择本土企业。但近两年随着中国社交媒体的出海，中国广告产业在短视频以及直播方面有了开创性飞跃，因此，国内企业在进行海外传播的选择上有所丰富。此外，随着国内"创意热点"逐渐兴起，中国广告产业抛弃了传统广告公司繁杂的结构，以精致、年轻、创意为主要特点，走入广告主视野。中国广告营销行业数字媒体平台数英2021年的代理商指数排名前三的分别为：胜加（SG）、天与空、有氧（YOYA），而为广告行业所熟悉的奥美排在12位。由此可见，中国广告代理公司正在迅速成长并逐渐为品牌所认可。

第四节 "一带一路"与中国广告产业国际化

一、共建"一带一路"国家广告发展现状及趋势

2015年，中国广告业以近6 000亿元的年经营额成为世界第二大广告市场。在经济发展水平和消费能力方面，中国与共建"一带一路"沿线主要国家较为相似，在广告产业方面有较大的合作交流空间。

中国历史上的丝绸之路中的北方丝绸之路，途经阿富汗、乌兹别克斯坦、印度、巴基斯坦、土耳其、罗马尼亚、荷兰等40多个国家、100多个城市。其中有不少国家已经和中国签订了"一带一路"共建倡议，可以借此契机，制订与丝绸之路沿线各国的广告人才培养计划，以此促进各国广告行业的健康快速发展，进一步带动产业升级，为经济发展助力。

2015年3月5日，荷兰格罗宁根孔子学院与中国传媒大学联合举办的"当代中国广告荷兰巡展"在海牙世界贸易中心开幕。开幕式当天举办的"沟通·交流——中荷交流与合作论坛"，为中荷企业家提供了探索合作的机会。

第14届中国户外传播大会后，亚洲户外总策划林建潮对印度户外广告协会执行董事英德拉吉特·森（Indrajit Sen）进行了一次专访，森先生详细介绍了中印两国户外广告的区别与合作机会，以及可能的风险，为中国户外广告行业沿着"一带一路"走出去指明了方向。

2021年，我国全年对外直接投资9 366.9亿元，增长2.2%，其中，对"一带一路"共建国家投资增长7.9%，占比提升至14.8%。同年，我国申请加入《数字经济伙伴关系协定》，参与制定高标准数字经贸规则，援非"万村通"乌干达项目实现了900个村落卫星数字电视信号接入，与22个国家建立

"丝路电商"合作机制,"数字丝绸之路"建设快速发展。2021年,我国已和84个共建国家建立科技合作关系,支持联合研究项目1 118项,累计投入29.9亿元,在农业、新能源、卫生健康等领域启动建设53家联合实验室,"创新丝绸之路"建设朝气蓬勃。我国在与丝绸之路沿线国家的经济交往方面日渐密切,形势大好,对于广告行业的进步有促进作用。

(一) 东南亚广告市场

伴随经济复苏,东南亚广告市场进一步崛起,但仍处于数字广告业发展初期阶段。泰国的广告市场年总量为15万亿泰铢,约44亿美元,总体偏小,尚有巨大潜力可挖。由于国内农村人口数量较多,因此电视还承担着第一传播渠道功能。面对数字技术的发展,广告欺诈现象层出不穷,广告内容越发难以管控。这也是泰国广告行业当前亟待解决的问题。

2016年,马来西亚的广告消费总体增长了17%,主要由付费电视驱动,其他传统媒介则呈下降趋势。目前大部分流量来自移动终端,90%的人拥有手机,其中73%为智能手机,因此数字广告预算在不断增加。目前马来西亚实行双系统广告监测,通过多部门联合监管,确保广告内容符合规范,尊重种族与宗教。

印度尼西亚的广告市场较大,数字广告业务增长迅速,成为全世界流媒体争夺的重要市场。流媒体内容生产商在加大东南亚的移动设备订阅计划,并扩大本地内容的同时,也加快布局移动端和OTT大屏的联动传播。移动端与电视广告仍是广告市场收入的主要来源。同时,社交媒体广告在印度尼西亚发展很快,这一点与中国类似,但虚假信息泛滥成为印度尼西亚广告发展的大隐患。日前,广告内容由印度尼西亚广告企业协会进行监管。

(二) 中亚与西亚地区广告市场

根据蓝色光标旗下公司维奥思社(We Are Social)最新的统计数据,位于中亚的土库曼斯坦、塔吉克斯坦、乌兹别克斯坦均在全球社交媒体增长快的国家中名列前十。

以伊朗为代表的西亚国家的广告行业普遍存在着商业媒体规模不断扩大,广告体量不断增加,但是广告效率和效益反而下降的现象。针对该现象,西亚方面认为,未来工作的重点是通过数据分析和管理,强化区域市场研究,在文化差异和社会环境隔绝性等客观因素的基础之上,制定广告规范和行业标准，打造包容性广告机构和创造性的国际市场交流平台，制订并实施互惠互助的广告合作计划。

（三）东欧地区广告市场

作为苏联解体后出现的独立国家，独联体国家的广告市场年轻而充满活力，政府为促进贸易合作的发展，充分肯定广告信息交流的重要性。目前，独联体国家的广告市场具有巨大的开发潜力，在广告设备、广告耗材、灯箱材料和广告制作设备方面具有强劲的竞争优势。但是除了俄罗斯和乌克兰之外，其他国家还未形成有效的广告监测体系，同时也缺乏精准的广告统计数据，是东欧国家广告行业未来需要着重改进的地方。目前，虽然华为、比亚迪等中国品牌已经进入了中亚、东欧等国家的广告市场，但是总体而言，中国企业在该区域市场上的广告宣传较少，还有很大的市场发展空间。

在白俄罗斯，电视和互联网是广告的主要载体。食品类广告在全国的广告占比最高，为85.71%。白俄罗斯的广告业务以本国的广告法规为指导，对酒精和烟草制品有着诸多的限制。作为开放型的广告市场，当地媒体会对世界各国的产品进行广泛宣传和介绍。然而，中白两国在广告投放上却合作甚少，造成这种情况的原因是两国之前联络较少，交流合作的范围较为狭窄。白方表示希望中国企业能积极关注白俄罗斯的广告市场，推进两国的深入交流。

（四）非洲地区广告市场

目前，非洲广告市场的研究能力严重不足，最大的挑战在于手机端数据收集和测量领域。因此，在充分调研的基础上，建立一体化的社会信息系统是非洲广告市场未来工作的重点。同时，作为新兴的广告市场，广告行业的信任建设也尤为重要。中国企业的广告行为需充分尊重非洲当地人民的消费习惯、宗教信仰、文化认同等人性化因素，利用数字化科技创新为当地人带来便利。

作为非洲地区经济发展的代表国家，南非、摩洛哥和尼日利亚是非洲最大的广告市场，尽管数字媒体市场十分广阔，但其在资金与技术方面还存在着制约，电视广告在非洲国家仍占有非常重要的地位。这些国家从数字基础设施建设、数字平台建设与应用、中国品牌消费等方面，与中国企业开展多维度广告合作的愿望也更加强烈。

二、我国广告产业拓展战略

（一）抓住"一带一路"发展机遇"走出去"

"一带一路"共建对中国而言是实现经济崛起和"中国梦"的良好契机。广告企业应看清自身在"一带一路"格局中所处的地位和发展前景，抓住机遇，顺势而为，积极"走出去"，开拓海外市场，向海外广告市场输送优质的广告产品与服务。

（二）优化广告产业的拓展结构

加快供给侧调整，在充分尊重海外市场监管机制、海外消费者文化偏好和消费习惯的基础上，提升中国广告产业的产品质量和服务水平，激发中国广告产业发展活力，推出优质的、具有创意的广告产品，与共建"一带一路"国家进行深度的互惠合作。

（三）充分利用互联网、新媒体等技术资源

广告产业的拓展应充分利用现有的技术资源和文化资源，积极运用"互联网+"的思维模式、新媒体技术的广阔信息传播平台，以及大数据的采集和分析处理技术，将其转化为经济优势、产业优势和发展优势，推动我国广告产业进一步拓展。

（四）打造中国广告品牌，彰显中国文化特性

在"一带一路"背景下，任何走出去的中国企业都是一张中国名片，是一个中国符号。广告产业需要为产品注入文化内核，以文化为"里"，以技术做"表"，表里结合，积极打造中国品牌，强化中国企业的核心竞争力，从而提升广告产业的综合实力。

（五）"一带一路"沿线地区新建国家广告产业园区，发挥产业集群效应

2013年，在原有的国家广告产业园总布局上新增了9个试点园区，分别位于天津、重庆、昆明、南宁、海口、宁波、海西等。2017年11月，菏泽国家广告产业园区举行揭牌仪式，成为菏泽市未来广告产业的发展聚集地和重点区域。这些广告产业园区的区位选择大多位于"一带一路"沿线，是为建设"一带一路"而重点开放和发展的城市和地区，体现出充分利用"一带一路"共建政策促进广告产业发展的战略思考。

（六）加强各地区间的广告产业交流与合作

目前，中国广告产业还存在着区域发展不协调、地区间产业结构趋同化等问题。"一带一路"倡议的提出，一定程度上促进了各地区的对外开放，有利于地区间提高广告资源配置效率，发挥各区域内广告产业的集群优势，加强产业的人才、技术、资金和资源的交流与合作，促使区域间互帮互助、良性竞争、协同发展。

（七）利用空间和区位优势发展有特色的区域广告产业

"一带一路"倡议在多个产业发展建设过程中都引起了较大的动作。交通运输业、基础建设业、能源建设业、文化旅游业和信息服务业均顺势而动，进行行业布局的调整和行业建设发展方向的制定，一方面为广告业提供了巨大的市场空间；另一方面，随着其他行业的调整，地区间会逐步形成一些明显差异，有利于广告业借助区位差异优势形成自身的发展特色，一定程度上避免了区域间的同质化发展趋势，为各地区广告业的发展注入新活力。

三、中国广告产业园区模式构建与选择

随着"一带一路"建设的有序推进，广告产业国际化发展的未来方向呈现较明显的空间变化：开始从重视美国、日本等广告发达国家的竞争、交流与合作，转向与共建"一带一路"国家之间的交流、合作和共同发展。

目前，"一带一路"涉及全国18个地区，其中13个地区有广告产业园。广告产业园应在"一带一路"广告产业发展中，发挥更显著的聚合、引领的作用。

近年来，我国不断加快广告产业的转型与优化升级，充分利用广告产业园区的集聚效应和创新发展能力，以"集聚化、集约化、规模化、规范化、专业化、品牌化、国际化"为主要发展路径，推动中国广告"走出去"，实现国际化的跨越式发展。例如，青岛广告产业园区以"立足本地特色、面向日韩、走向国际"为自身发展定位，将城市资源、地缘优势和专业能力相结合，确定国内外目标市场，打造文化和创意品牌，引导新型广告业态企业入驻园区，挖掘园区价值链，推动园区的转型升级。

(一)广告产业园区建设的背景

1. 中国本土广告业粗放式发展

中国本土广告产业自1979年复苏以来,一直以粗放的模式发展,广告公司数量多,分散度高,创新性低,其中绝大部分公司实力弱小,户均经营额以及利润额都低。一盘散沙的局面不利于本土广告公司为高速增长的经济做应有的贡献,更不利于中国广告行业走向国际参与竞争。

2. 国际广告公司来势汹汹

改革开放之后,国际著名的广告公司纷纷来到中国设立了合资公司。这些国际广告公司有成熟的运作模式,丰富的经验,完善的人才培养制度以及雄厚的资本,因此受进入中国的其他国际公司和中国本土大企业的青睐。国际广告公司的进入对一切处在起步阶段的本土广告公司构成极大的挑战。

3. 相关政策的颁布

2004年,广告行业被纳入国家统计局颁布的《文化及相关产业分类》,国家开始出台各项政策鼓励广告行业的发展。针对本土广告公司粗放的发展模式,国家决定建设国家广告创意产业园,推动广告行业规模化、集约化发展,并从2011年底实施。

4. 其他行业产业园的成功

在广告产业园区建立之前,制造业与高新技术产业规模化与集约化发展已经取得很大的成就。以中关村科技产业园区为例,该高新技术产业园区培育了联想、方正等国际级的科技公司和高科技人才,使中国的科技产业走到了世界前列。鉴于其他行业产业园模式的成功,广告行业也进行集约化发展,想要通过广告产业园的运作,产生足以对抗国际顶尖广告公司的中国本土广告产业。

(二)建设国际化发展协作体的成果

到目前为止,国外并无广告产业园方面的相关案例。国内南宁广告产业园是针对东盟而设立的国际广告产业园区,2014年获批国家广告产业试点园区,2015年建成运营。然而该产业园国际化并不明显,主要还是致力于西南地区广告产业的发展。

云南省指导产业园区积极打造"金鼎众创空间·广告创业孵化器"项目,

在北京成功举办"金鼎奖"大赛发布会暨"一带一路"创意高峰论坛，带动广告企业主动融入"一带一路"发展背景当中。

(三) 国际化特色的广告产业园区设想

1. 在国内因地制宜建设广告产业园

中国幅员辽阔，在国内存在一些与"一带一路"沿线国家文化相似的区域，还有部分省份与共建"一带一路"国家接壤。例如，新疆有伊斯兰教文化氛围，并和中亚国家接壤。在这些省份因地制宜建设广告产业园区，可以让国内的广告从业人员初步接触共建"一带一路"国家的文化，和相关国家广告方面的交流也更加方便。

2. 在共建"一带一路"国家建设分属广告产业园区

共建"一带一路"国家文化状况错综复杂，仅依靠在国内文化相似区域的培训是不够的，与相关国家合力建设各国分属广告产业园区，让国内广告从业人员到相关国家切身体验文化习俗和国家状况，更容易制作符合该国国情的广告。而且广告产业园区的建立可以推动欠发达国家广告行业的发展，形成互利双赢的局面。

3. 加大培养国内广告行业从业者国际思维的能力

在共建"一带一路"国家建设国际化特色的广告产业园区，要求广告从业人员不仅需要创意思维，还需要对相关国家文化有较深的认识。国内新一代广告从业者经过系统的创意思维训练，在广告制作方面有优势，因此，对国内广告从业者的培养主要集中在文化方面。

4. 帮助沿线国家培养广告从业者

"一带一路"沿线多为欠发达国家，广告行业发展状况堪忧。中国应帮助相关国家培养广告从业人员。将各国培训人员集中在国内国际化广告产业园，一方面，培训相关创意技巧；另一方面，让他们直观感受中国通过"一带一路"共建推动各国共同发展的决心。

5. 引进各国权威媒体

不同于面向欧美各国的国家化传播，国际级的传播媒介对共建"一带一路"国家的影响并不大。其原因有二：一是多数国家不属于英语文化圈；二是由于欠发达，民众只能通过国内媒体了解信息。因此，共建"一带一路"

国家广告产业园要引进各国的权威媒体，才能起到传播效果。

6. 与广告主共同前行

只有在实践中才能更好地锻炼人才和总结经验。国际化的广告产业园应积极争取正在走向国际的广告主，进行国际化广告传播的实践。例如，在印度已经打开局面的小米，在服务广告主的同时也可以利用广告主已经拥有的海外资源提高产业园的知名度。

四、中国广告企业跨国业务的拓展模式与实现路径

目前，共建"一带一路"国家的贸易和投资都处在快速发展阶段，然而广告业作为经济活动的先导力量，其对经济贸易的促进作用还没有被充分挖掘，广告业的跨国合作交流与整个"一带一路"共建规模不相匹配。推动中国广告产业"走出去"，加快国际化发展，目前主要呈现出三种拓展模式。

（一）广告产品"走出去"

中国制造在国际市场的广告推广仍具有极大的发展空间。广告产品"走出去"，即广告公司通过制作优质广告产品，助力"中国制造"更好地走出国门，开拓海外市场，宣扬企业文化，讲好中国故事。2017年，"一带一路"国际合作高峰论坛结束后，TCL集团就将其与广告公司拍摄的企业形象广告片，在"一带一路"沿线的15个国家进行广告投放，在当地引起了广泛的社会关注，为其打开产品市场、树立品牌形象起到了很大的推动作用。

（二）广告资本"走出去"

在"一带一路"背景下，像众多文化传媒企业一样，海外投资和跨国并购也是一种"走出去"的拓展方式。中国广告公司可通过海外投资、并购，以及成立海外子公司的方式开拓国际市场，推动自身资本与当地市场相结合，进一步促进广告业务和广告策略的出口。

（三）广告策略"走出去"

除了将广告产品投放于国际市场，"走出去"的还可以是中国广告企业的创意思维、先进经验、营销策略和技术手段。中国广告企业可以走出国门，承接海外的广告业务，参与当地的广告项目中，积极拓展广告行业的海外市场。

五、国家形象广告传播

"一带一路"倡议内涵和意识的传播、推广，与国家形象的塑造均离不开相关广告的传播，其中以公益广告短片为主要载体。在广告传播过程中，可分为区域性和国家性两个层面的广告宣传。

区域性形象宣传指的是以城市为单位和宣传主体，通过宣传城市形象，打造国际化城市品牌，从而推动国家形象的整体提升。其中，具有代表性的是泉州市的城市形象宣传广告。2015年，为响应国家建设"一带一路"的号召，进行"城市+企业"的联动式宣传，泉州市政府联合泉州本土运动品牌匹克集团，拍摄了一条展现泉州国际化步伐和匹克集团国际化形象的广告片，并于5月1日至10月28日登陆纽约时报广场进行为期26周的宣传。通过"城企联动"的宣传方式，国家城市形象和国家品牌形象均得到了一定的提升，企业也能够借助"一带一路"的跳板更好地走出去。

国家形象宣传指的是以国家形象和"一带一路"内核为宣传对象，通过传播"一带一路"的意义塑造中国兼容并包、互利互惠，与沿线国家携手共同进步的大国形象。2017年5月，央视广告经营管理中心推出了公益广告片《共创繁荣》，利用分屏的方式，将不同时空连接起来，表达出"一带一路"连接中外、协作发展、共同繁荣的时代主题。

同期，人民日报也推出了以"一带一路"为主题的公益广告片《WE》，通过来自8个国家学生的讲述与绘画，体现"一带一路"将"我们"联系在了一起的主题概念。

除此之外，2017年为宣传"一带一路"国际合作高峰论坛，央媒还推出了3首广告歌曲，配合汇聚中外传统文化元素的动画，生动活泼地展现了"一带一路"的内涵和价值，为提升大国形象，推动"一带一路"共建起到了良好的宣传作用。

2018年，央视推出《穿越千年 行走丝路》"一带一路"宣传片，其由中央网信办网络新闻信息传播局主办，陕西、福建、广东、重庆、新疆网信办协办推出。宣传片以古老的沙漠场景开头，以"新时代·新平台·新机遇"为主题，全方位展示了新时代共建"一带一路"国家发展再上新台阶，又一次强调了"共同繁荣"的美好愿景。

2019年，央视推出3集46分钟的"一带一路"主题纪录片《共筑未来》,同时推出 3 分 30 秒的同名宣传片,通过展示欧洲班列、关丹产业园、凯乐塔水利枢纽等产业成就,《丝路雨花》等文化成果以及"一带一路"沿线国家的自然人文风光,生动具体地传达了共建"一带一路"国家共筑未来的理念。

七、中国"数字丝绸之路"拓展海外新机遇

作为推进中国对外开放、履行大国职责的关键举措,经济的交往离不开文化的尊重与交流。"一带一路"横跨亚、欧、非大陆,各地的资源环境、经济发展水平、宗教信仰、民俗风情和消费习惯不尽相同,多元文化融合方面具有极大的挑战性。为了最大限度地规避文化冲突、信息不对称等带来的困扰和阻碍,更好地促进多方的经济交流,必须应时所需地加快构建多元文化大数据体系。

从共建"一带一路"国家及地区所获取的多元数据不但体量巨大,还存在着有效性和价值性的问题,通过对大数据进行有效分析指导实际问题才是建立多元文化大数据体系的关键。在多元文化数据规模不断扩张的同时,单项信息的价值可能越来越稀疏,需要做好大数据隐性价值的挖掘工作。因此,构建"一带一路"多元文化大数据体系的总体思路,在于面对共建"一带一路"各国、各地区的多元文化的融合需要,以及先进文化的传承需要,开展多元文化数据集的稀疏价值提炼工作,汇聚碎片化的数据价值,精准追溯关联性数据价值并进行数据分析,由此打造出开放性与协调性相统一的多元文化深度融合框架,最终形成真实可靠的多元文化数据服务支持体系,从而为实现"民心相通"的文化建设目标做出贡献[①]。

遵循总思路,具体可采取"四层次、三条线"的建设方案。"四层次"分别是基础层、数据层、应用层和移动层。"基础层"是对多元文化大数据实施云计算的基础设施的建设,在基础层建设过程中,应充分兼容和利用各地已经成熟的云平台,从而组建新的数据体系。"数据层"实现资源汇集和数据分析,应遵循"数据共建、统一管理、按约共享"的原则。"应用层"面向不同层次的文化实体提供基于大数据分析的服务。"移动层"是多元文化大数

---

① 孙彬,王东."一带一路"下的多元文化大数据体系建设研究[J].电子政务,2017(11):55-64.

据体系面向移动互联网的终端支持层。"三条线"分别是构建多元文化大数据的数据调度总线,构建多元文化资源的诚信追溯总线,构建多元文化传承的正能量导引总线。对不同个体建构真实可信资源空间,通过调度线进行统一的采集、汇总和分析,并通过能量导引线维持权威、引导价值、监管舆情、保护隐私等,从而形成一套较为完备的多元文化数据体系[①]。

组建"一带一路"国际广告联盟和"一带一路"中国(国际)广告数据联盟,推动中国和"一带一路"有关国家广告数字化的融合发展。"一带一路"国际广告联盟是由中国广告协会联合各国广告行业组织成立的国际广告联盟。联盟本着共商、共建、共享的原则,针对各国在"一带一路"建设中的广告需求,开展广告业界的沟通、交流与合作。广告兼具经济与文化的双重属性。广告活动的水平和活跃度直接反映经济发展水平。广告是塑造品牌影响力的有效途径,也是传播社会文化、体现社会文明的重要载体。广告行业是现代服务业和文化创意产业的重要组成部分。广告业的交流与合作在"一带一路"建设中不可缺位。联盟应努力推进中国企业在共建"一带一路"各国的广告宣传,树立中国产品的品牌形象,为中国产品进入沿线各国市场铺路搭桥,同时积极推进"一带一路"沿线各国宣传本国优秀的产品品牌,促进沿线各国之间以及与中国之间互通有无,开展经贸合作,真正发挥广告业促进经济发展的积极作用。努力通过广告呈现"一带一路"沿线文化与文明的多样性,在合作中注意文化的尊重与包容,提高文化开放水平,增进沿线国家和地区文化的兼容并促进人民间的互相理解。要积极建立多层次合作机制,搭建合作平台,开辟合作渠道。联盟应大力支持和开展"一带一路"广告创意交流、广告资源介绍、广告发展模式探讨等,与行业相关的研讨和交流活动,并积极促进广告行业人才的交流。要发展务实合作,将政策转化为切实的合作成果和经济利益,推动沿线各国和地区行业发展规划相互兼容、相互促进。

"一带一路"中国(国际)广告数据联盟是在中国(国际)广告数据中心基础上,联合国际广告协会、中关村大数据产业联盟、浙江省大数据应用产业技术联盟、科大讯飞公司共同筹建的广告数据联盟。该联盟致力打造互

[①] 孙彬,王东. "一带一路"下的多元文化大数据体系建设研究 [J]. 电子政务,2017 (11): 55-64.

联网广告领域的技术交流和资源整合平台，培养行业专业人才，协助相关政府部门制定广告数据应用标准；利用中国领先的互联网技术和数据优势，实现广告业数字化转型升级，并构建服务企业数字化的能力，进而推动中国和共建"一带一路"国家广告数字化的融合发展。

自2017年正式提出建设"数字丝绸之路"以来，中国持续加强与"一带一路"沿线国家在数字经济、人工智能、纳米技术、量子计算机等前沿领域的合作，促进大数据、云计算、智慧城市等领域建设，不断推动"一带一路"建设创新发展。中国倡导的"数字丝绸之路"，帮助相关国家推动数字基础设施建设，提高互联网普及率，促进数字基础设施互联互通，为相关国家经济增长和数字化转型创造新机遇。澳大利亚东亚论坛网站发文称，"世界已经见证了中国在电信、人工智能、卫星导航系统、海底光缆、监控系统等领域的数字化转型进展"。

据中国工业和信息化部数据，2017年到2021年，中国数字经济规模从27万亿元增长到超45万亿元，稳居世界第二，年复合增长率达到13.6%。数字经济占GDP比重已从33%提升至39.8%。中国国家互联网信息办公室发布的《数字中国发展报告（2021年）》显示，近年来中国数字技术创新能力快速提升。中国人工智能、云计算、大数据、区块链、量子信息等新兴技术已跻身全球第一梯队。

近年来，中国与共建"一带一路"国家和地区的数字经济合作持续深化。当前，中国已与17个国家签署"数字丝绸之路"合作谅解备忘录，与23个国家建立"丝路电商"双边合作机制，与周边国家累计建设34条跨境陆缆和多条国际海缆。中国信息技术与软硬件产品和服务广泛应用于共建"一带一路"国家和地区市场，在当地发挥了重要作用。

近年来，阿里巴巴、百度、华为等大举进军中东、北非地区的商业和电信市场。2018年，华为成为卡塔尔首批外商独资技术企业之一，推动了当地5G技术发展。2019年，华为与沙特主要电信运营商扎因公司签署合作协议，助力该公司打造中东、北非地区首个5G LAN项目。多家阿联酋电信企业也与华为开展了5G网络服务合作。华为还在埃及开罗启动了北非开放实验室，该实验室与许多高校建立了合作关系，为当地学生提供培训。

在肯尼亚，中非合作开发的"移动钱包"应用已成为当地用户转账、支付、收款、贷款时不可或缺的工具。在中方技术人员的支持下，该应用目前运行稳定、功能丰富，业务成功率大幅提升。中国北斗卫星导航系统也在参与"一带一路"沿线农业、电信、海洋监测和救灾领域工作。中国已向包括"一带一路"倡议成员国在内的约 120 个国家和地区出口北斗卫星系统相关产品，泰国和老挝等东南亚国家在农业、土地测量等方面积极利用北斗卫星系统。同时，中国已经在巴基斯坦建立起北斗导航系统地面站网。

  当前，共建"一带一路"部分国家和地区仍面临数字基础设施薄弱、互联网接入比例低等问题。中国加大力度协助这些国家和地区建设数字基础设施，有望为其经济发展创造新机遇和增长点。

参考文献

[1] 阿尔布劳. 全球时代：超越现代性之外的国家和社会［M］. 高湘泽，冯玲，译. 北京：商务印书馆，2001.

[2] 埃尔斯泰恩. 平台革命：改变世界的商业模式［M］. 志鹏，译. 北京：机械工业出版社，2017.

[3] 白红义. 新闻研究：经典概念与前沿话题［M］. 上海：上海交通大学出版社，2018.

[4] 蔡润芳. "围墙花园"之困：论平台媒介的"二重性"及其范式演进［J］. 新闻大学，2021（7）：76-89，122.

[5] 陈刚，王禹媚. 新兴市场、共时性竞争与整合营销传播：整合营销传播在中国市场的发展状况研究［J］. 广告大观（理论版），2009（1）：7-15.

[6] 陈刚. 发展广告学［J］. 广告大观（理论版），2011（2）：1.

[7] 陈培爱. 台湾广告业的国际化历程对中国大陆本土广告公司的启示［J］. 广告大观（综合版），2007（3）：30-32.

[8] 程明，程阳. 论智能媒体的演进逻辑及未来发展：基于补偿性媒介理论视角［J］. 现代传播（中国传媒大学学报），2020，42（9）：1-5.

[9] 达利欧. 原则：应对变化中的世界秩序［M］. 崔苹苹，刘波，译. 北京：中信出版社，2022.

[10] 丁俊杰. 论"中国元素"［J］. 中国广告，2017（6）：81-82.

[11] 丁磊. 国家形象及其对国家间行为的影响［M］. 北京：知识产权出版社，2010：81.

[12] 福山. 历史的终结［M］. 北京：东方出版社，1998.

[13] 傅慧芬. 西方广告世界［M］. 北京：人民出版社，1993.

[14] 谷虹，黄升民. 三网融合背景下的"全战略"反思与平台化趋势［J］.

现代传播（中国传媒大学学报），2010（9）：6-10.

[15] 郭伟峰．台湾广告业印象［J］．中国工商，1992（3）：31-33.

[16] 何德珍．从中国元素看中国式广告的崛起及发展策略［J］．学术论坛，2007（7）：113-116.

[17] 亨廷顿．文明的冲突与世界秩序的重建［M］．周琪，刘绯，译．北京：新华出版社，2002.

[18] 吉登斯．现代性的后果［M］．田禾，译．南京：译林出版社，2011.

[19] 吉登斯．现代性与自我认同：现代晚期的自我与社会［M］．赵旭东，方文，译．上海：生活·读书·新知三联书店，1998.

[20] 焦军普．产业国际化的内涵与演进路径研究［J］．经济纵横，2013（6）：41-46.

[21] 井关十二郎．广告心理学［M］．唐开斌，译．北京：商务印书馆，1925.

[22] 科特勒．科特勒市场营销教程［M］．俞利君，译．北京：华夏出版社，2000.

[23] 李敏．跨国广告公司中国市场进入期竞争策略研究：基于产业链的分析［J］．淮阴师范学院学报（哲学社会科学版），2013，35（2）：271-277.

[24] 李思屈．审美经济与文化创意产业的本质特征［J］．西南民族大学学报（人文社科版），2007（8）：100-105.

[25] 联合国贸易与发展会议（UNCTAD）．贸易和发展报告 2023（Trade and Development Report 2023）［EB/OL］．http：//www.unctad.org/tdr.2022.

[26] 林衢．中国广告：背水一战［J］．神州学人，1997（6）.

[27] 林子涵．中国"数字丝绸之路"创造新机遇［N］．人民日报（海外版），2022-10-10（010）.

[28] 刘磊．广告定义研究的探索性分析：基于1992—2016年中外期刊文献综述的视角［J］．广告大观（理论版），2017（1）：14-23.

[29] 刘绍坚．关于我国文化产业国际化的战略思考［J］．国际贸易，2015（9）：64-68.

[30] 吕少峰，李雯．国际化背景下中国广告自主运动的意义解读［J］．广告大观，2005（12）：45-48.

[31] 马逸, 汪涛. "复关"对我国广告业的影响 [J]. 中国广告, 1994 (1): 13-14.

[32] 麦克卢汉. 理解媒介: 论人的延伸 [M]. 55周年增订本. 何道宽, 译. 南京: 译林出版社, 2009.

[33] 彭慕兰, 托皮克. 贸易打造的世界: 1400年至今的社会、文化与世界经济 [M]. 黄中宪, 吴莉苇, 译. 上海: 上海人民出版社, 2018: 10.

[34] 秦臻. 中外广告简史 [M]. 重庆: 重庆大学出版社, 2021.

[35] 史可德. 广告心理学 [M]. 吴应图, 译. 北京: 商务印书馆, 1926.

[36] 孙彬, 王东. "一带一路"下的多元文化大数据体系建设研究 [J]. 电子政务, 2017 (11): 55-64.

[37] 汤林森. 文化帝国主义 [M]. 上海: 上海人民出版社, 1999.

[38] 王凤翔. 管窥数字广告系统国际化 [N]. 中国社会科学报, 2020-12-03.

[39] 王建平, 王晓颖, 龙昊, 等. 软件产业国际化内涵和特征分析 [J]. 软件世界, 2004 (10): 100-101.

[40] 王乾厚. 发达国家文化创意产业集群发展及启示 [J]. 河南大学学报 (社会科学版), 2015, 55 (4): 120-126.

[41] 王小梅, 司显柱. 中国国家形象宣传片中的国家形象嬗变考察 [J]. 当代电视, 2021 (2): 77-81.

[42] 王晓朝. 文化传播的双向性与外来文化的本土化 [J]. 江海学刊, 1999 (2): 85-86.

[43] 王哲平, 王思齐. 文化创意产业国际化发展的前提条件和战略选择: 以世界主要发达国家为研究对象 [J]. 编辑之友, 2016 (5): 103 108.

[44] 未名. 台湾广告业一瞥 [J]. 台声, 1997 (12): 16-18.

[45] 吴来安. 中国动漫产业国际化发展的战略路径探讨: 以《相信品牌的力量·水墨篇》广告为例 [J]. 国际新闻界, 2010, 32 (7): 77-82.

[46] 吴予敏. 广告发展两面观: 国际化与本土化: 兼论中国广告在全球经济时代的发展症结 [J]. 国际新闻界, 2000 (1): 71-76.

[47] 徐君康. 广告文化传播的国际性与本土化 [J]. 当代传播, 2003 (4): 68-69.

[48] 杨乃均, 杨春宇. 俄语经贸文章选读 [M]. 北京: 对外经济贸易大学出

版社，1998.

[49] 佚名. 中国公关第一购并：西岸+奥美 [N]. 南方都市报，2002-06-14.

[50] 殷晓蓉. 麦克卢汉对美国传播学的冲击及其现代文化意义 [J]. 复旦学报（社会科学版），1999（2）：84-91.

[51] 尹春兰. 品牌传播的全球化与本土化策略 [J]. 经济问题，2004（7）：36-37.

[52] 余吉安，杨斌，王曼. 产业集成视角下文化创意产业发展模式研究：兼论文化创意产业国际化 [J]. 科技管理研究，2015，35（15）：178-184.

[53] 余建国. 经济全球化中广告的国际化与本土化 [J]. 宁波广播电视大学学报，2012，10（2）：26-28.

[54] 曾荣平，侯景娟. 意识形态安全视域的文化产业国际化发展战略 [J]. 社会科学研究，2014（3）：34-38.

[55] 张国清. 丹尼尔·贝尔和西方意识形态的终结 [J]. 江海学刊，2001（2）：41-45.

[56] 张红. 关于广告学实践教学的探讨 [J]. 华章，2010（28）.

[57] 张建红，葛顺奇，周朝鸿. 产业特征对产业国际化进程的影响：以跨国并购为例 [J]. 南开经济研究，2012（2）：3-19.

[58] 张骏德，赵路平. 论广告的"全球化"与"本土化" [J]. 新闻大学，2004（2）：93-95.

[59] 张南舟. 从香港的广告业谈起 [J]. 福建论坛（经济社会版），1984（12）：53-54.

[60] 章汝奭. 国际广告发展情况和我国现状 [J]. 世界贸易组织动态与研究，1998（3）：3-5.

[61] 赵伟. 中国对外贸易40年：政策回顾与展望 [J]. 世界经济研究，2019（2）：29-36.

[62] 中关村互动营销实验室. 2020中国互联网广告数据报告 [EB/OL]. （2021-01-12）[2022-05-11]. https://mp.weixin.qq.com/s/TUod4NCeB8Gk_9uzkL-szQ.

[63] 朱珺，周钊. 出海营销方兴未艾，元宇宙布局推进 [N]. 华泰证券研报，2022-05-16.

[64] 祝帅. 中国广告学术史论 [M]. 北京：北京大学出版社，2013.

[65] BENKLER Y. The wealth of networks: how social production transforms markets and freedom [M]. New Haven: Yale University Press, 2006.

[66] HUNTINGTON P. The clash of civilization and the remaking of world order [M]. New York: Simon & Schuster, 1996.

[67] MCCRACKEN G. Culture & consumption [M]. Bloomington: Indiana University Press, 1990: 77.

[68] NATION. Commonwealth cultural policy, October 1994 [EB/OL]. (2023-09-22) [2023-12-05]. Government of Australia. https://apo.org.au/node/29704.

[69] NYE S, JR. Soft power: the means to success in world politics [M]. New York: Public Affairs, 2004.

[70] PORTER E. The competitive advantage of nations [M]. New York: The Free Press, 1990: 95.

[71] ROWE D, NOBLE G, BENNETT T, et al. Transforming cultures? from creative nation to creative australia [J]. Media international australia, 2016 (158): 6-16.